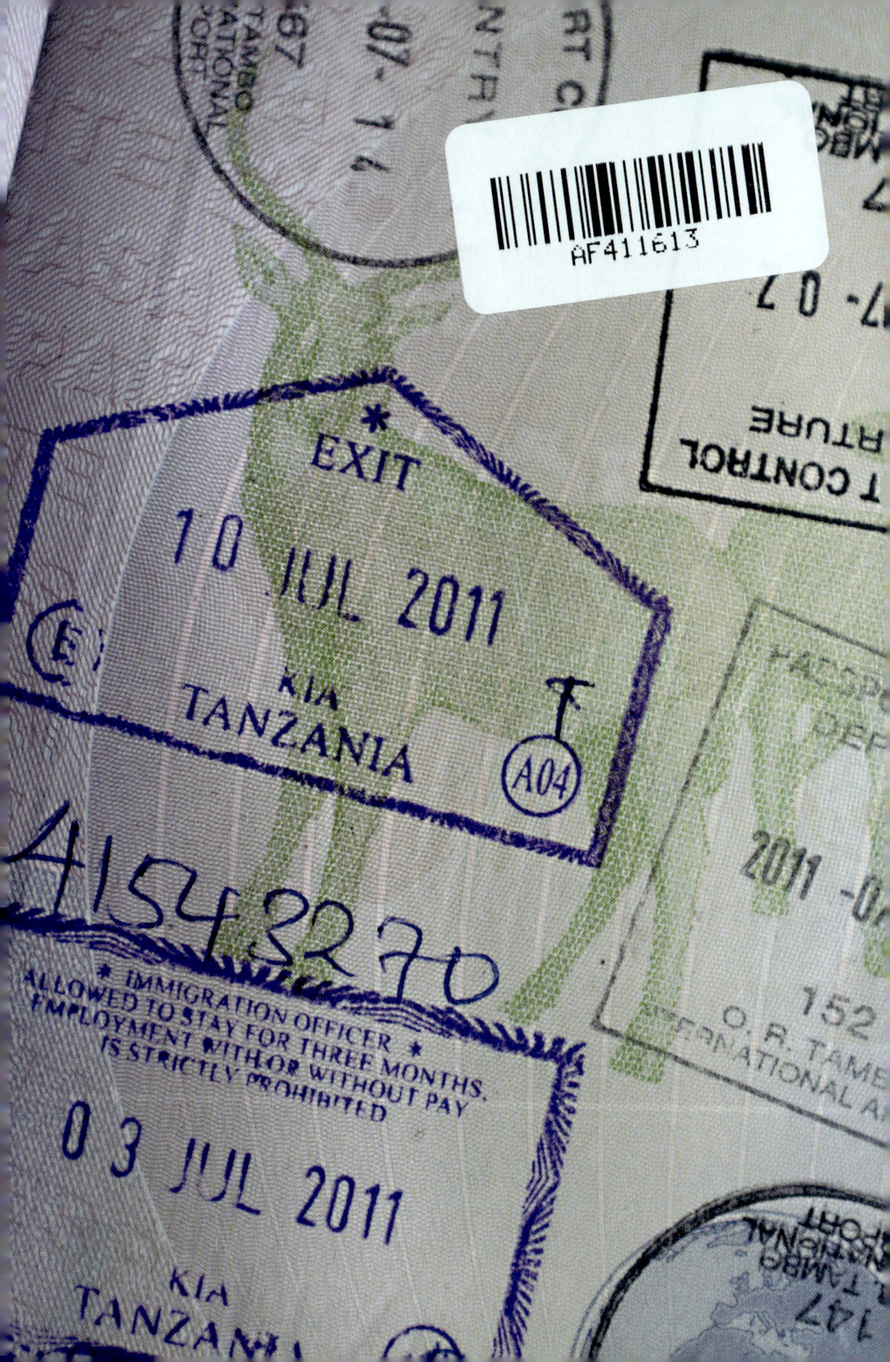
AF411613
* EXIT
1 0 JUL 2011
KIA
TANZANIA
A04
A154 8270
* IMMIGRATION OFFICER *
ALLOWED TO STAY FOR THREE MONTHS.
EMPLOYMENT WITH OR WITHOUT PAY
IS STRICTLY PROHIBITED
0 3 JUL 2011
KIA
TANZANIA
CONTROL
RTURE
2011-0
152
O. R. TAMB
INTERNATIONAL A

Biblioteca PHotoBolsillo

José Cendón

PHoto**Bolsillo**   LA FABRICA

The Federal ... Government of Et... muni...
ሙሉ ሥም ጆሴ ኤንዶን
Full Name Jose Cendon
የ እጄንሲ ፍራንስ ፕሬስ ወኪል
Rep. Org. Agence France Pr
የተሰጠበት ቀን 07-08-01 ዓ.ም
Date of Issuance 15-04-09
የኃላፊው ፊርማ Tesfay
Authorized Signature

José Cendón
Fotografías que (se) resisten
Isaac Rosa

Tras un aprendizaje acelerado en Colombia, donde no pudo evitar los grandes temas (niños guerrilleros, paramilitares), y Palestina, donde no encontró nada que no estuviese ya fotografiado, José Cendón marchó joven a África, continente donde ha pasado la mayor parte de su vida profesional y donde ha cambiado varias veces de región.

Madurar como fotoperiodista en un lugar como África no es fácil. Aunque parezca un sitio fácil de fotografiar, donde la realidad salta a tu encuentro y espera ser fotografiada, es lo contrario: encontrar buenas imágenes convierte tu trabajo en una huida permanente. Huida de la obvia fotogenia del drama. Huida de las historias ya sabidas (y que ocultan en su reiteración muchas otras no contadas). Huida de la mirada prejuiciosa y paternalista que es inherente a la condición de hombre blanco que uno nunca pierde en África. Huida de la indiferencia, del dolor convertido en rutina y que acaba produciendo fotografías rutinarias, indiferentes por mucho que se adornen de tragedia.

No es casualidad que Cendón se haya mudado tantas veces desde que llegó a África: Sudán, los Grandes Lagos, el Cuerno de África, Sudáfrica, vértices desde donde ha recorrido otros países, con incursiones arriesgadas en Somalia (una de ellas le costó cuarenta días de secuestro), largos viajes en motocicleta o en un tren hacinado. Su movilidad tampoco se debe a necesidades profesionales, encargos, corresponsalías, pues hace tiempo que Cendón elige sus historias. Más bien es la expresión territorial de esa huida permanente, de ese escapar de la foto obvia, de la historia reiterada, de sí mismo, de su habituación a la realidad, de la mirada acostumbrada que acaba no separándose del visor para al final no ver nada y no encontrar más que lo que uno ya buscaba.

Sin embargo, pese a esa inquietud, su fotografía tiene duración, sus trabajos poseen esa dilatación de lo que dura: cada fotografía se extiende hacia un antes y un después que están implícitos en ella pero sin hacerse evidentes, nos obligan a una lectura más compleja. En muchas de sus imágenes, pese a su rotundidad, lo importante es lo que ya no hemos visto y lo que ya no veremos, lo que pasó antes de ese instante, lo que viene después. Una temporalidad que da importancia al fuera de campo: muchas de sus composiciones dejan fuera una parte de realidad fundamental para entender lo leído, y que se intuye en forma de sombras que se cuelan en el encuadre, o en la mirada del fotografiado, dirigida hacia ese fuera de campo, o en quienes cruzan el marco, caminan, corren, se dirigen hacia un afuera que prolongará lo observado.

Sus imágenes funcionan así como fotogramas de un relato que ya empezó y que continuará. Aunque algunas de sus mejores fotografías tienen autonomía suficiente, capacidad de contar por sí mismas, nunca pierden esa condición de eslabón en la cadena narrativa que construye. Cendón no espera a que suceda ningún momento decisivo, ninguna epifanía, sino que escribe piezas con las que completar una narración con sentido.

Una duración que es también la suya: un fotógrafo que no llega, dispara y se va, sino que está, permanece, dura. Tiene que ver con el tiempo que dedica a cada uno de sus trabajos, la investigación que desarrolla, sobre todo en sus trabajos más personales, como los hospitales mentales (*Miedo en los Grandes Lagos*) o las bandas callejeras (*Bandas en Sudáfrica*). Tiene que ver con su preferencia por la fotografía documental de largo aliento frente a la fotografía de actualidad más urgente. Pero también con su implicación personal, la elección de los temas a partir de su voluntad de hacer visible lo invisible, contar lo no contado.

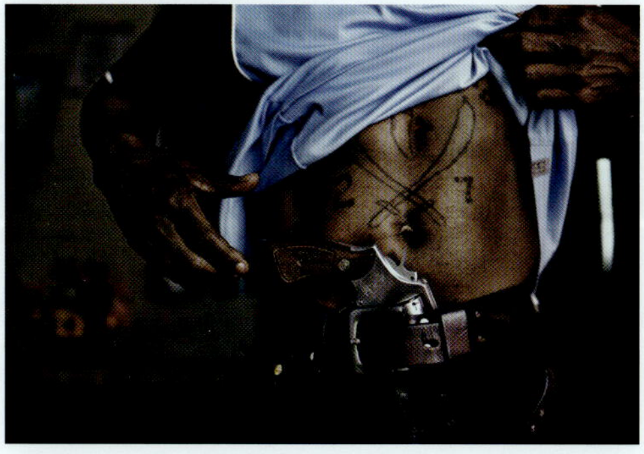

Ciudad del Cabo, Sudáfrica, 2010

Cendón nunca ha ocultado esa implicación: su condición de fotógrafo activista, comprometido, sensible a los duros temas a que se acerca, portador de una visión del mundo que no esconde bajo una neutralidad que en el fotógrafo siempre es imposible desde que decide hacia dónde dirigir el objetivo. Pero su compromiso está en la elección de los temas, no tanto en el relato que construye con cada uno de ellos, donde se impone el profesional honesto que, pese a viajar con una interpretación a cuestas (un relato, en definitiva), no se limita a buscar las piezas que encajen en esa interpretación, sino que sabe mantener una distancia que de otra forma acabaría conviertiendo al propio fotógrafo en protagonista de cada fotografía, en discurso de sí mismo.

En esa búsqueda de historias por contar, ha alternado entre los dos extremos posibles en África: los peores pozos a los que nadie se asoma por peligrosos; y los remansos de normalidad y hasta de felicidad a los que tampoco se asoma nadie por todo lo contrario, porque contradicen la imagen fija de África. Entre los primeros, la Somalia abandonada a su suerte, o los fieros suburbios sudafricanos. Entre los segundos, la vida cómoda y occidentalizada de los etíopes adinerados, o el sorprendente paraíso rastafari en Etiopía. Dos extremos, el del infierno que te expone a un peligro cierto al asomarte, y el de esa otra África que incumple el cliché trágico, dos extremos que no encuentran sitio en la prensa internacional (más proclive a reproducir ese cliché), que no

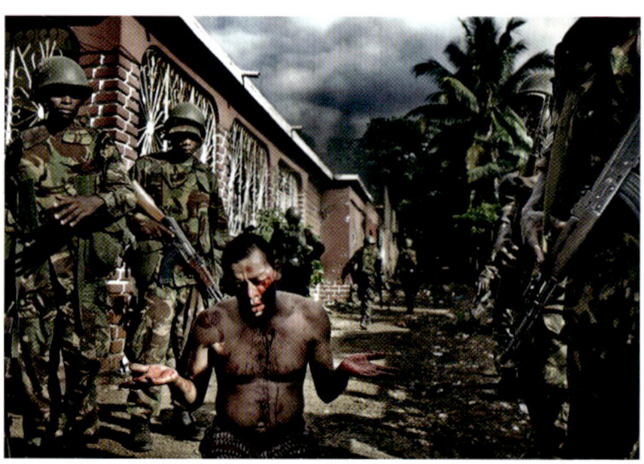

suelen tener quien los cuente, y que por eso interesan a Cendón: por historias así se lanzó a viajar con la cámara hace ya una década.

El fotoperiodismo como género es, por supuesto, narrativo, pero en el caso de Cendón su condición narradora es total, y todo en su obra está sometido a esa voluntad. En primer lugar la herramienta elegida, que mayoritariamente es la cámara fotográfica pero que otras veces ha sido la palabra (en su libro sobre el secuestro en Somalia, *Billete de ida*, donde de lo que menos hablaba era de su propia peripecia, él mismo convertido en otro eslabón de la cadena narrativa) o el vídeo documental (*Bandas de Sudáfrica*).

Lo es también su técnica, subordinada al tiempo narrativo y a la densidad de cada tema: viveza cromática en el hospital mental para marcar el contraste con las figuras oscuras, fantasmales; frontalidad y primeros planos en el retrato de los pandilleros sudafricanos. O la muy diferente textura que tienen los exteriores de la Somalia destruida y los de la Etiopía de clase alta (*El sueño de Etiopía*).

Y por supuesto sus decisiones estéticas, que no buscan la belleza *per se* sino la eficacia narrativa. Este sentido funcional de la estética no empobrece, sino que da más sentido a sus elecciones. No evita la belleza, ni siquiera por motivos éticos: al contrario, propone una belleza que a menudo es convulsa, violenta, que sacude al espectador y refuerza el relato en lo que tiene (y es mucho) de discurso moral, de implicación del fotógrafo y del observador. Una belleza que suele ser fruto de esa intuición que caracteriza a los mejores fotógrafos, pero que otras veces es resultado de un cálculo compositivo.

Por todo lo anterior, hay en la obra de Cendón una tensión que no es tanto la tensión del tema fotografiado, como tensión del propio fotógrafo, como si cada disparo venciese una resistencia, la misma que le hace huir de la imagen demasiado evidente, de la historia que se cuenta con sospechosa facilidad, del lugar que no se resiste a ser fotografiado. En su huida, Cendón ha acabado dejando África por América Latina, donde ahora busca eslabones para nuevos relatos que están por contar.

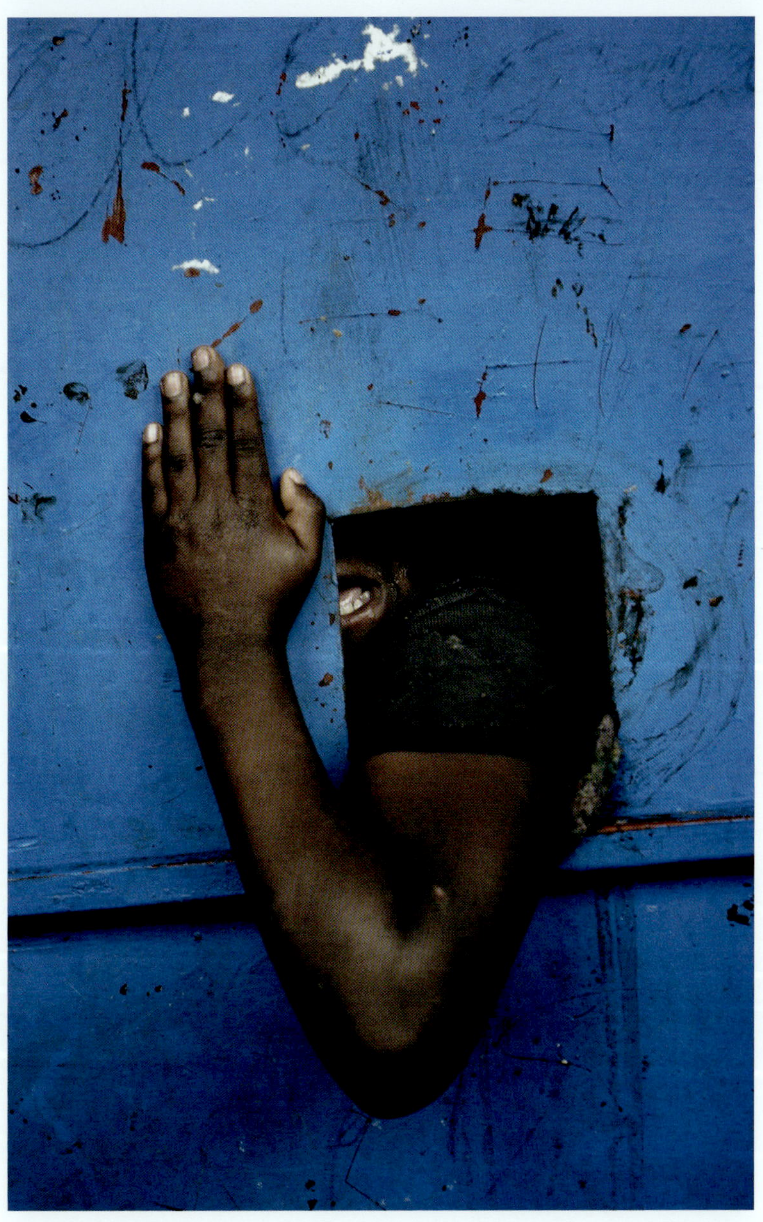

01. Kigali, Ruanda, 2006

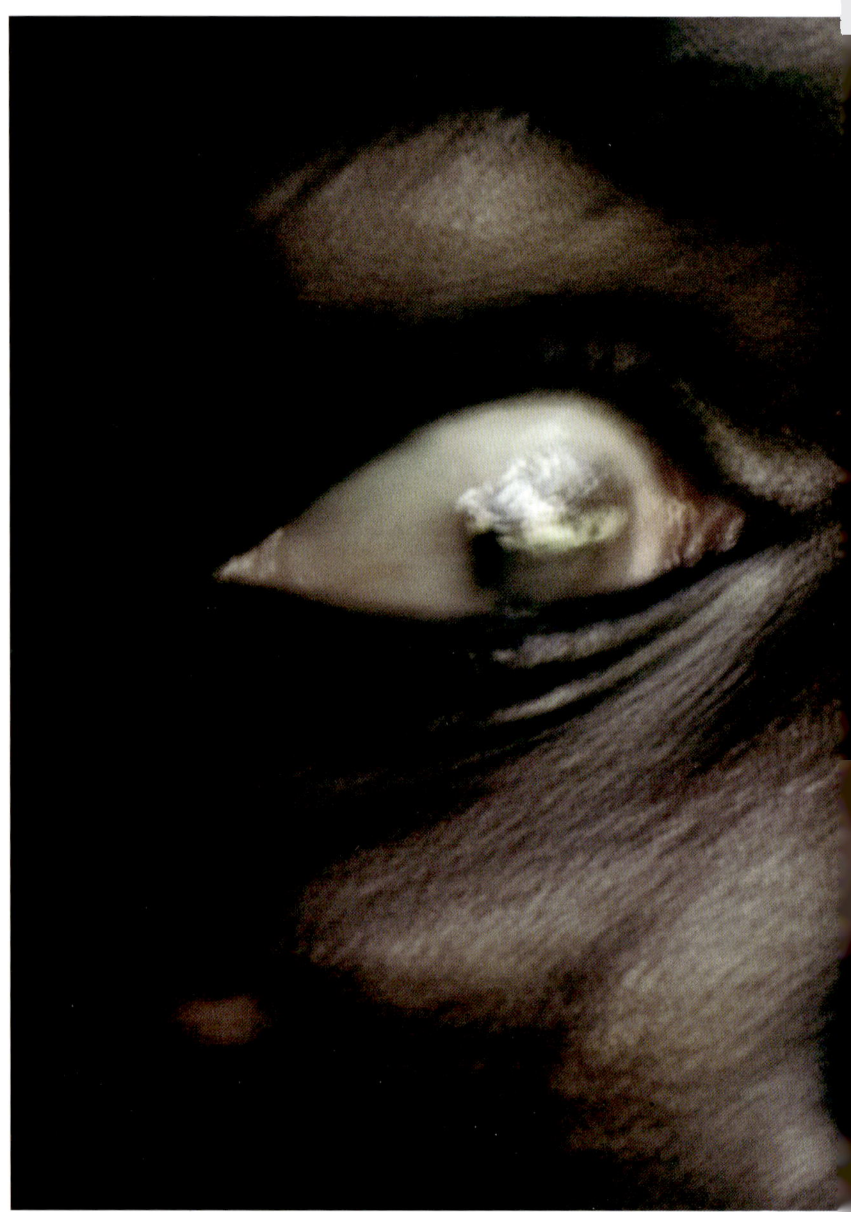

02. Buyumbura, Burundi, 2006

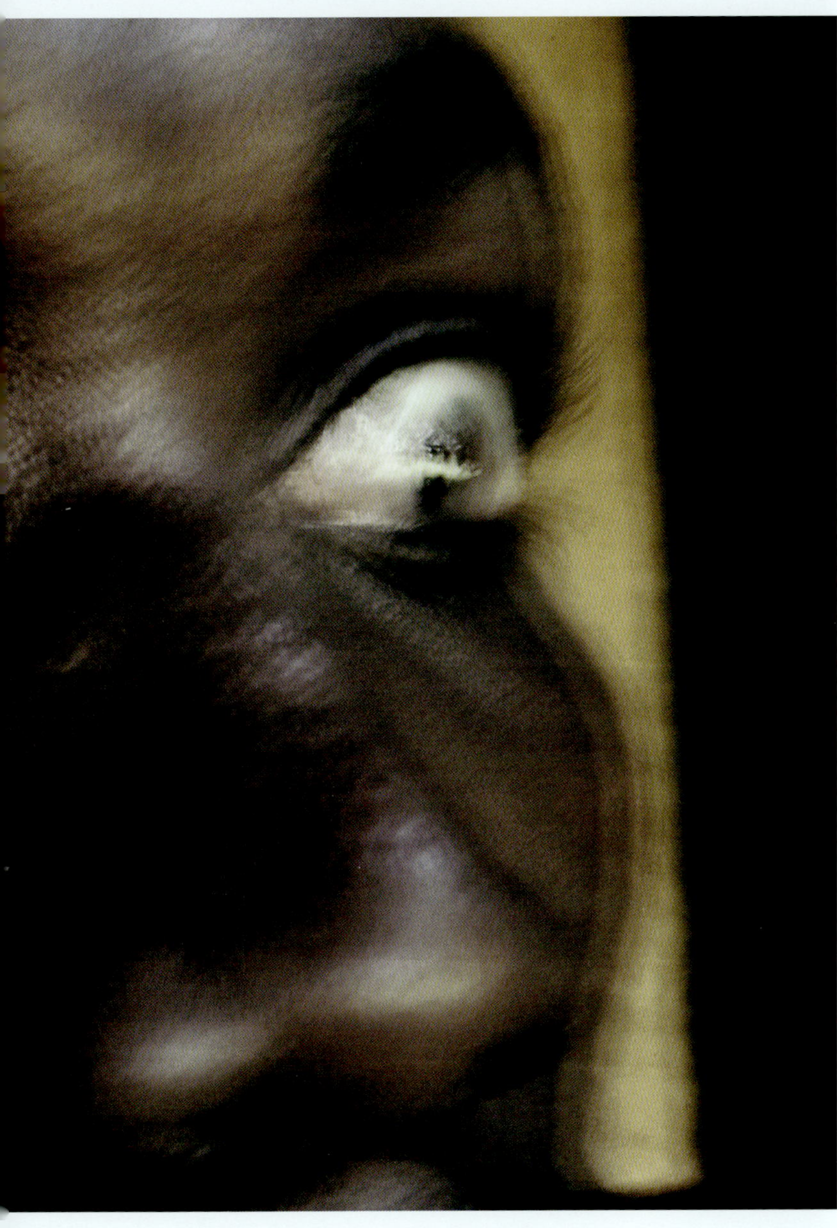

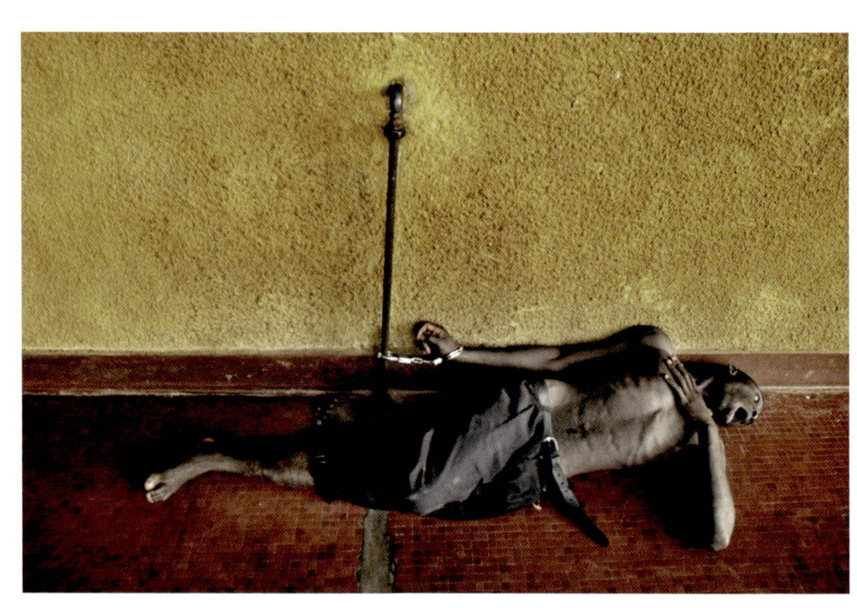

03. Buyumbura, Burundi, 2006

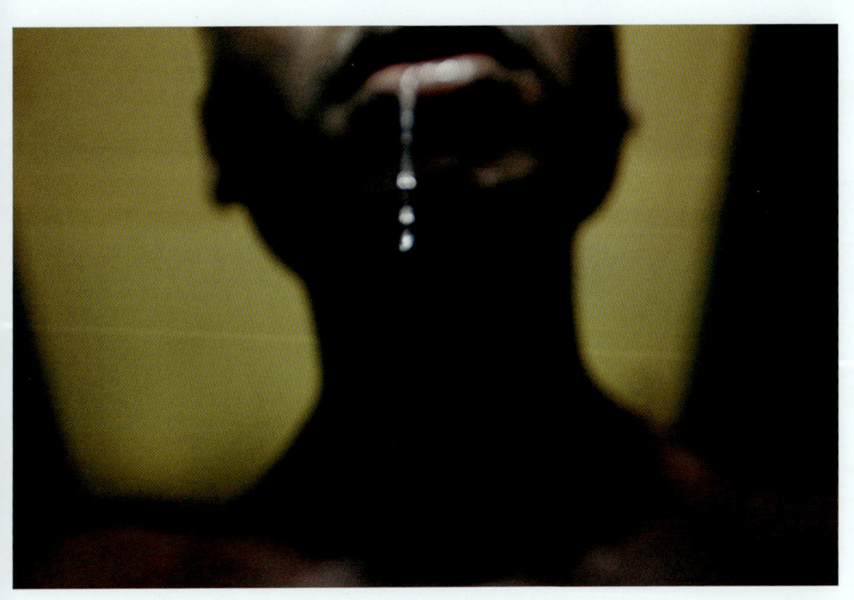

04. Buyumbura, Burundi, 2006

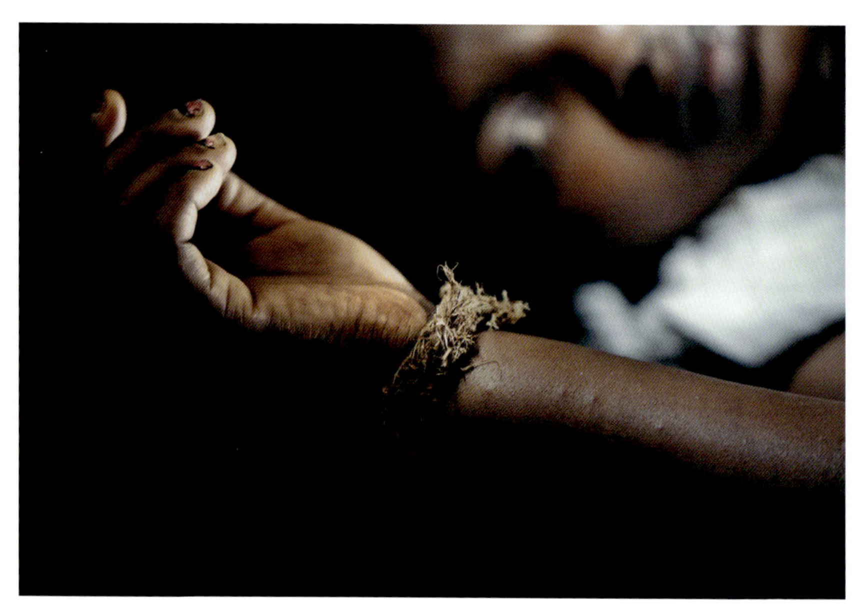

05. Bukavu, RD Congo, 2006

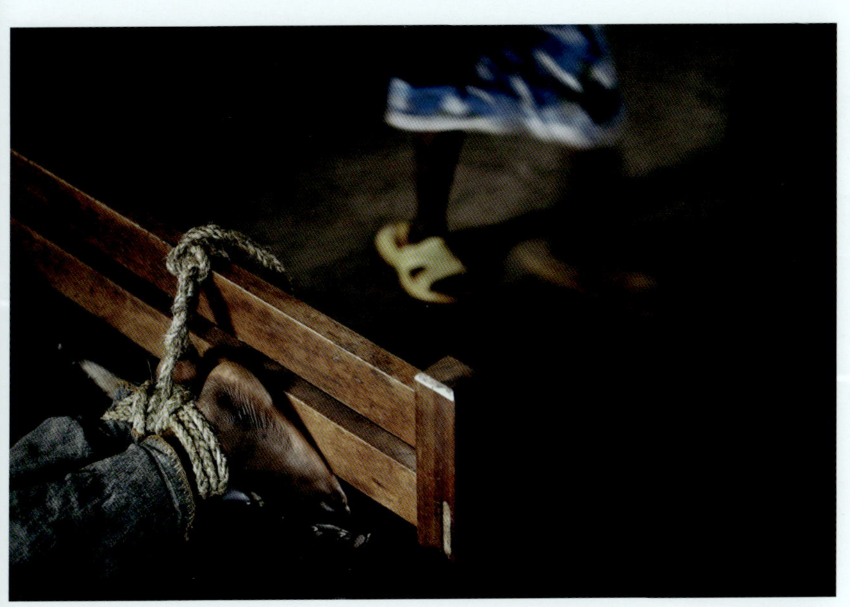

06. Bukavu, RD Congo, 2006

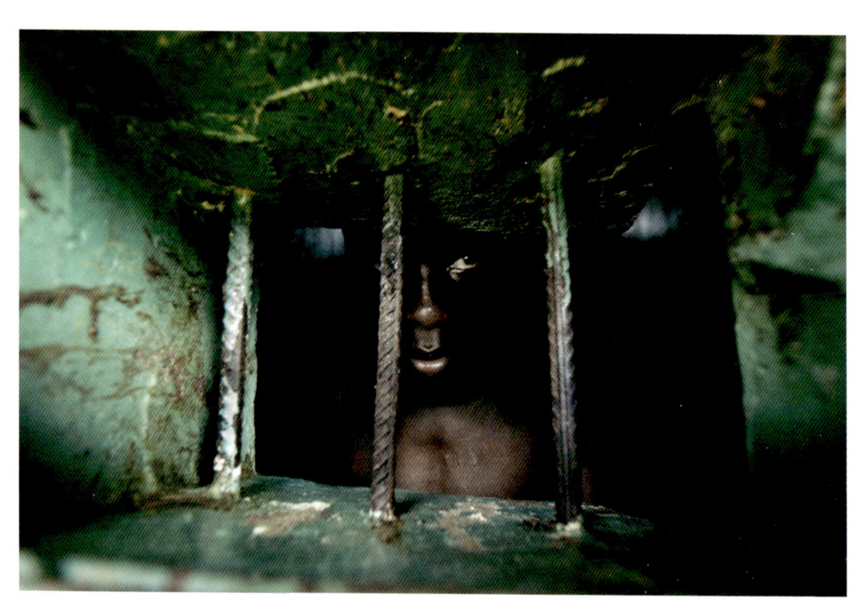

07. Buyumbura, Burundi, 2006

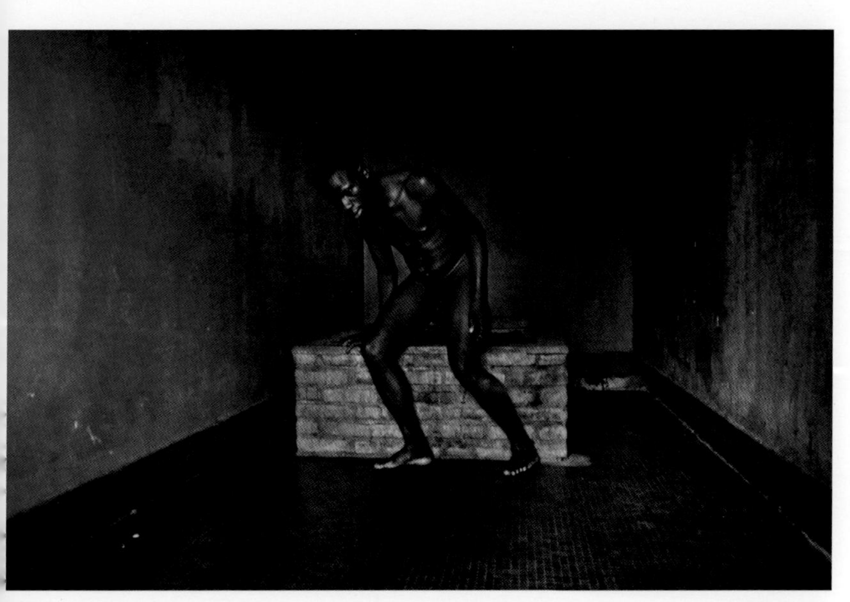

08. Buymbura, Burundi, 2006

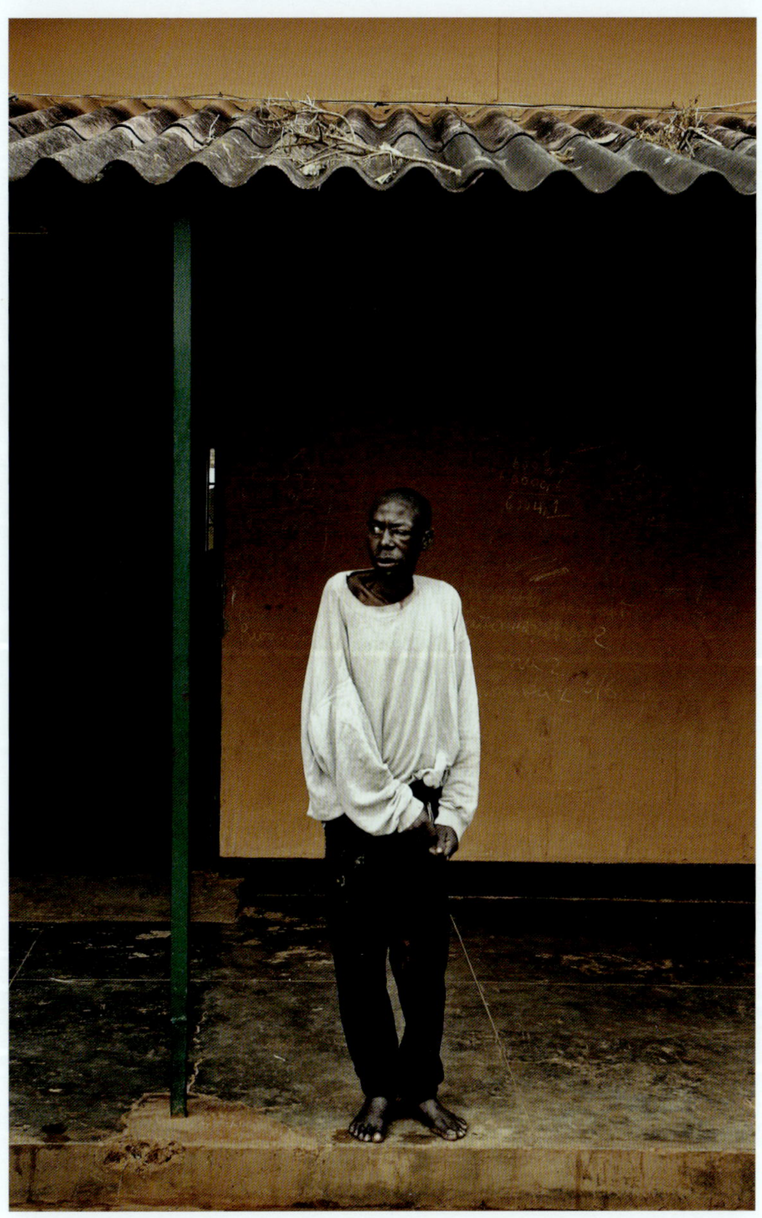

09. Kigali, Ruanda, 2006

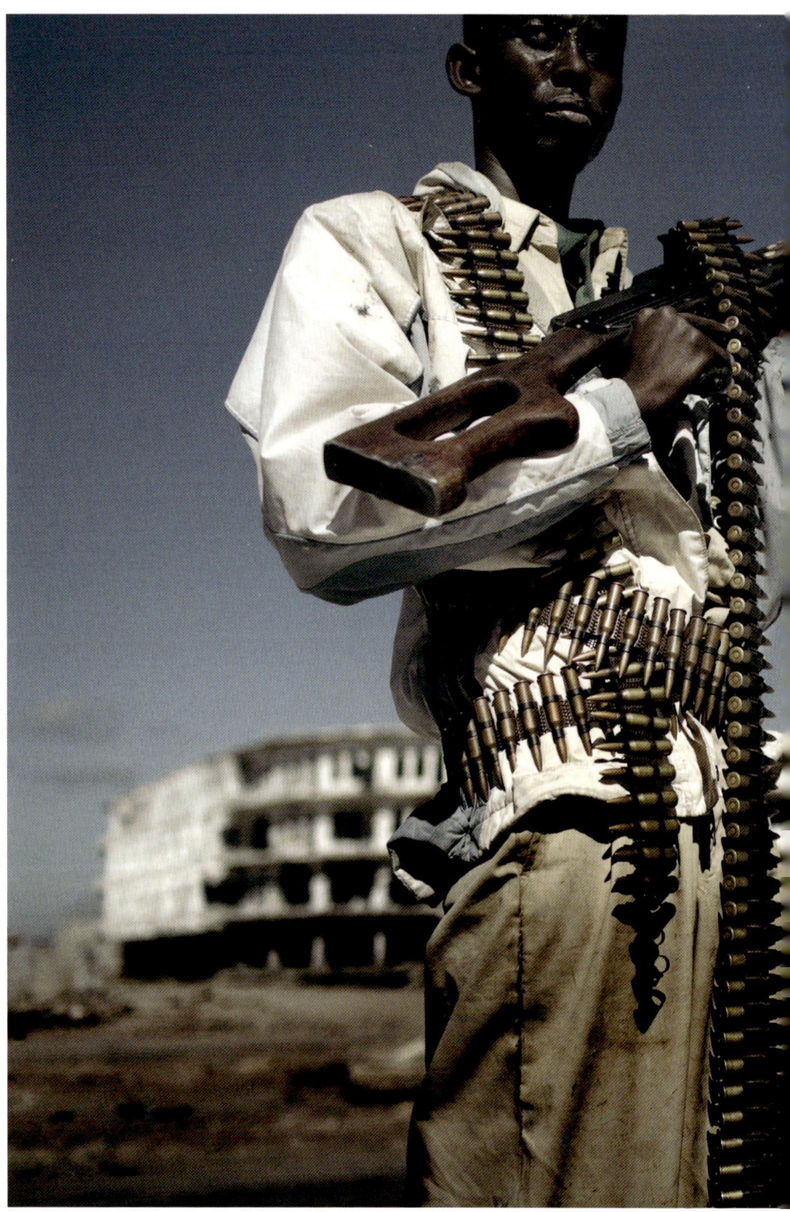

10. Mogadiscio, Somalia, 2008

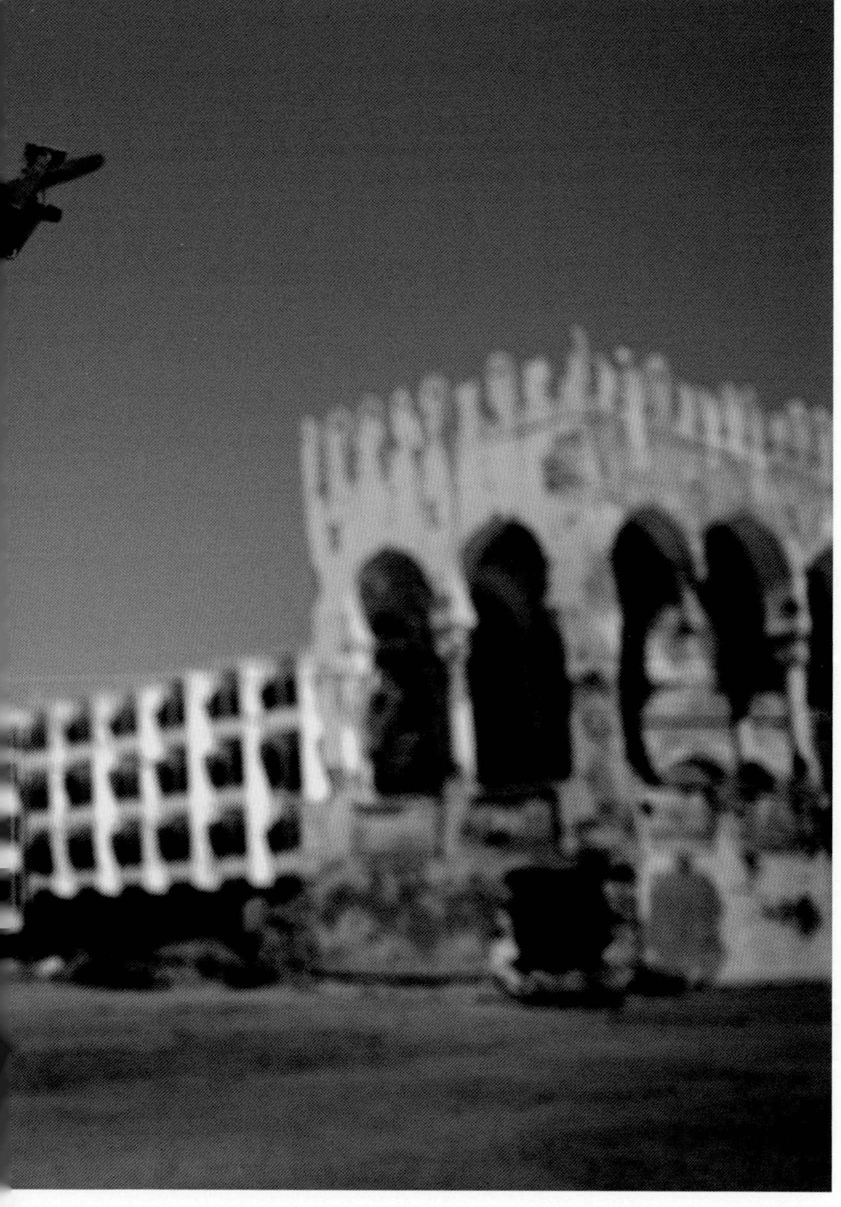

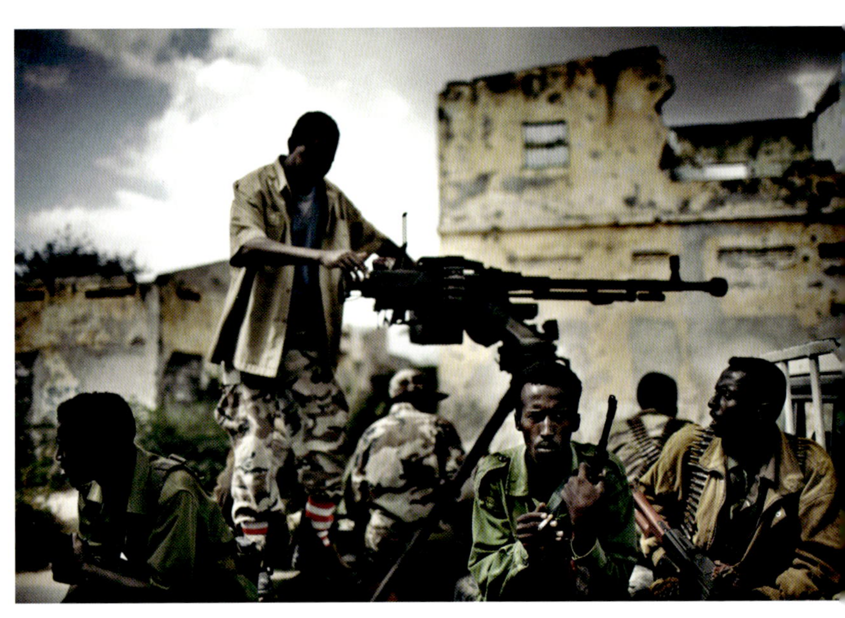

11. Mogadiscio, Somalia, 2007

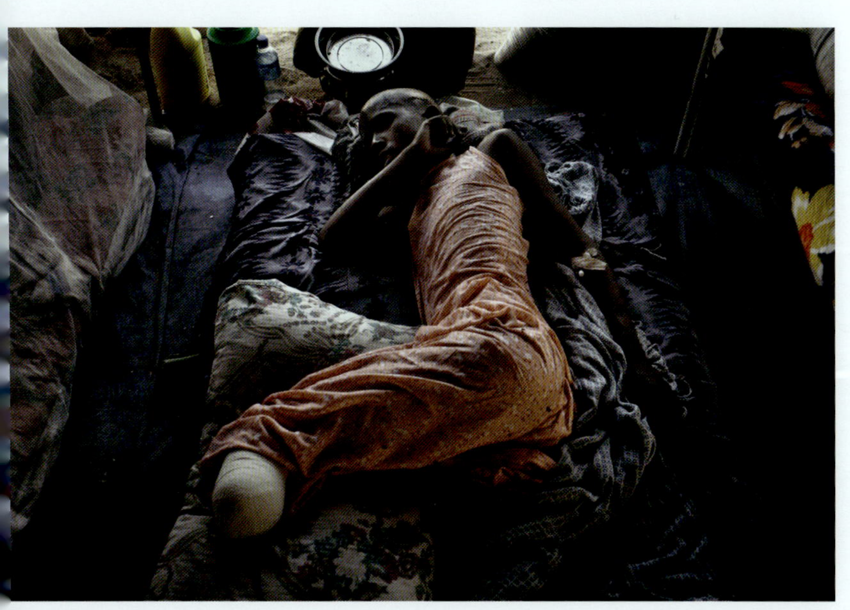

12. Mogadiscio, Somalia, 2008

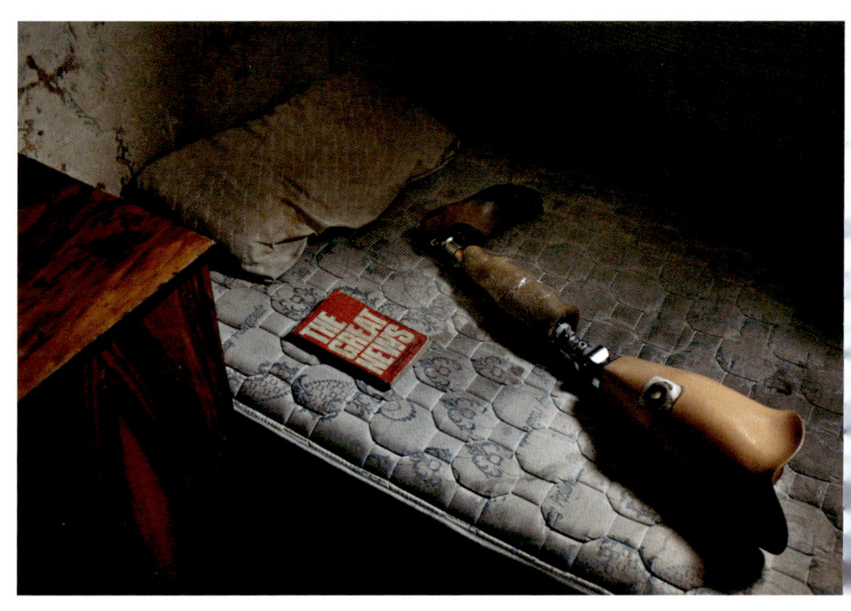

13. Ciudad del Cabo, Sudáfrica, 2010

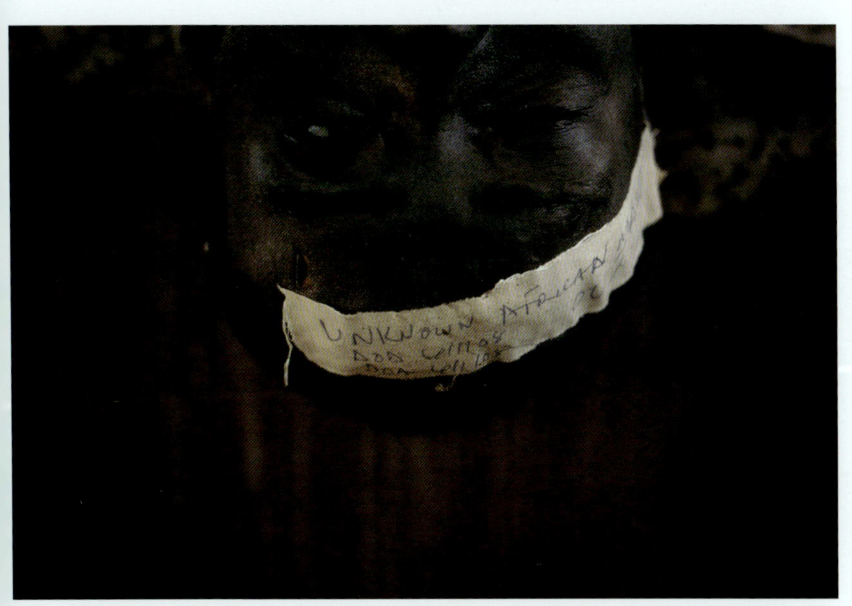

14. Eldoret, Kenia, 2008

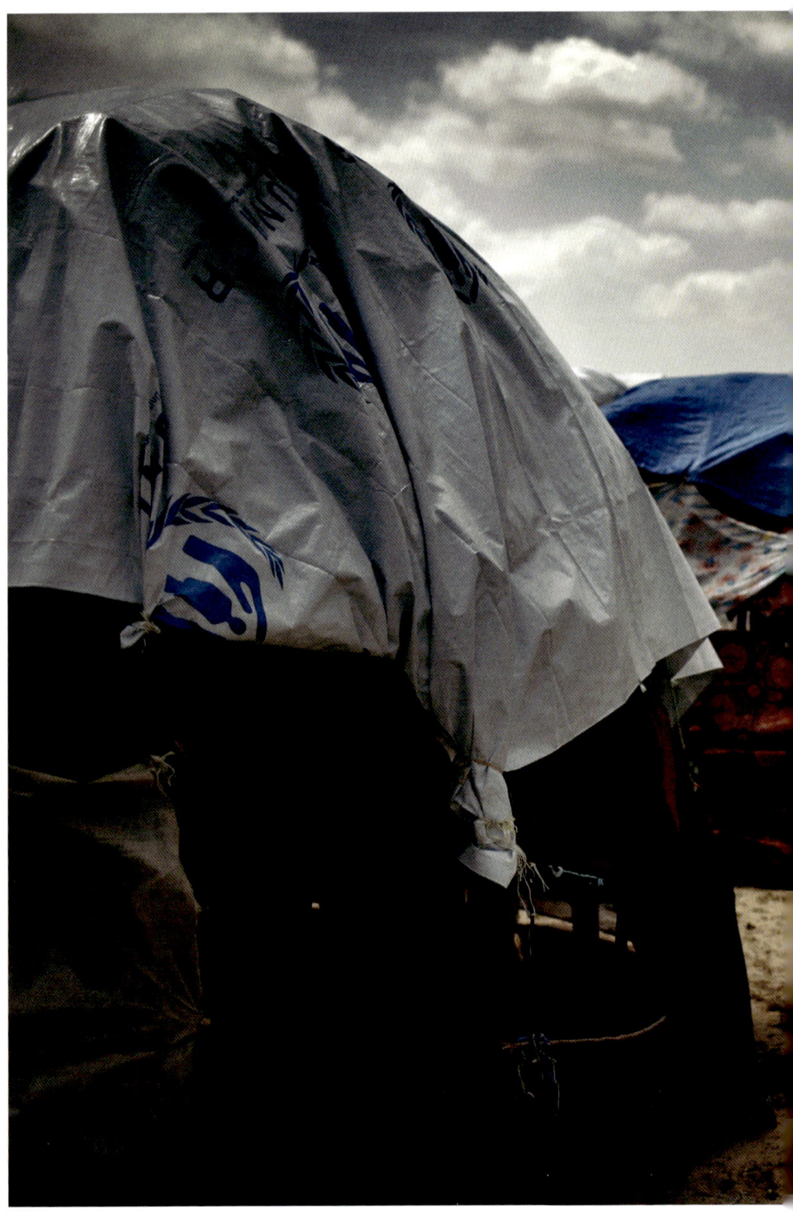

15. Mogadiscio, Somalia, 2007

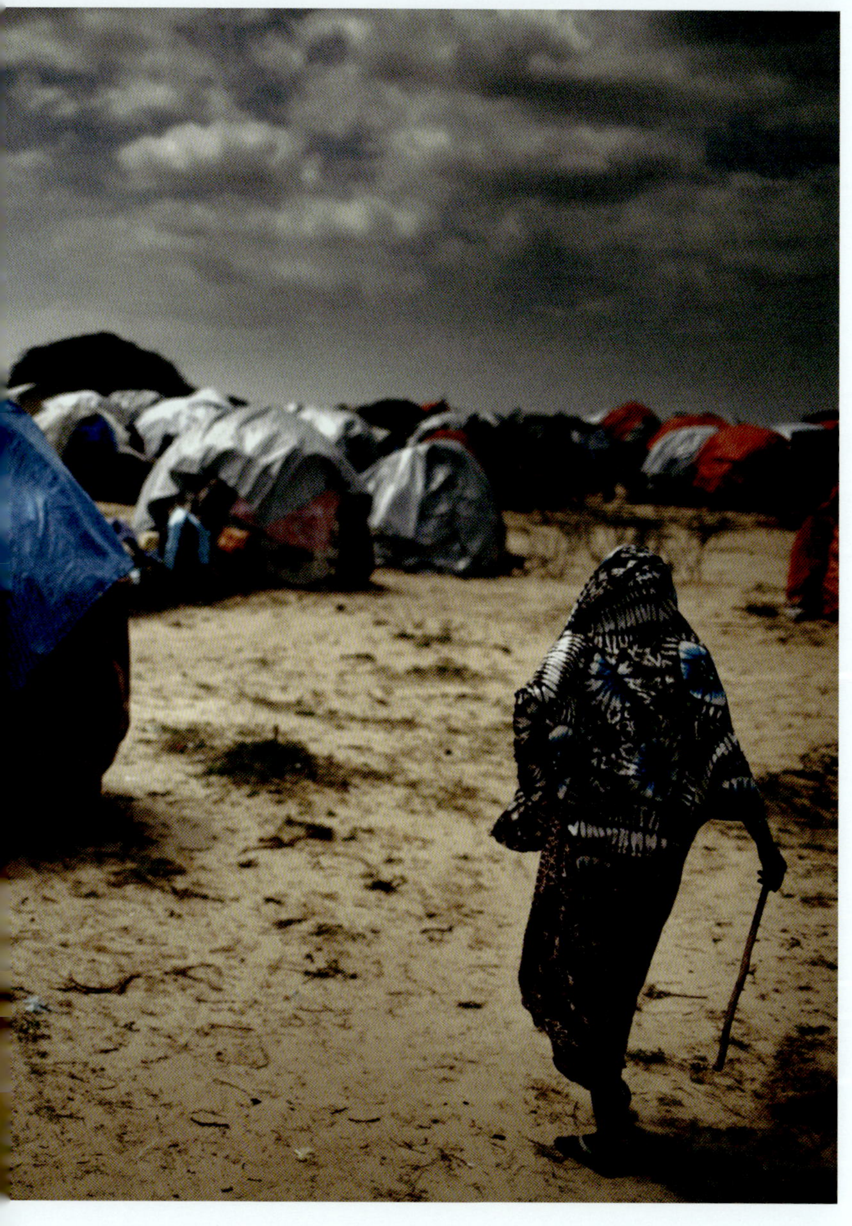

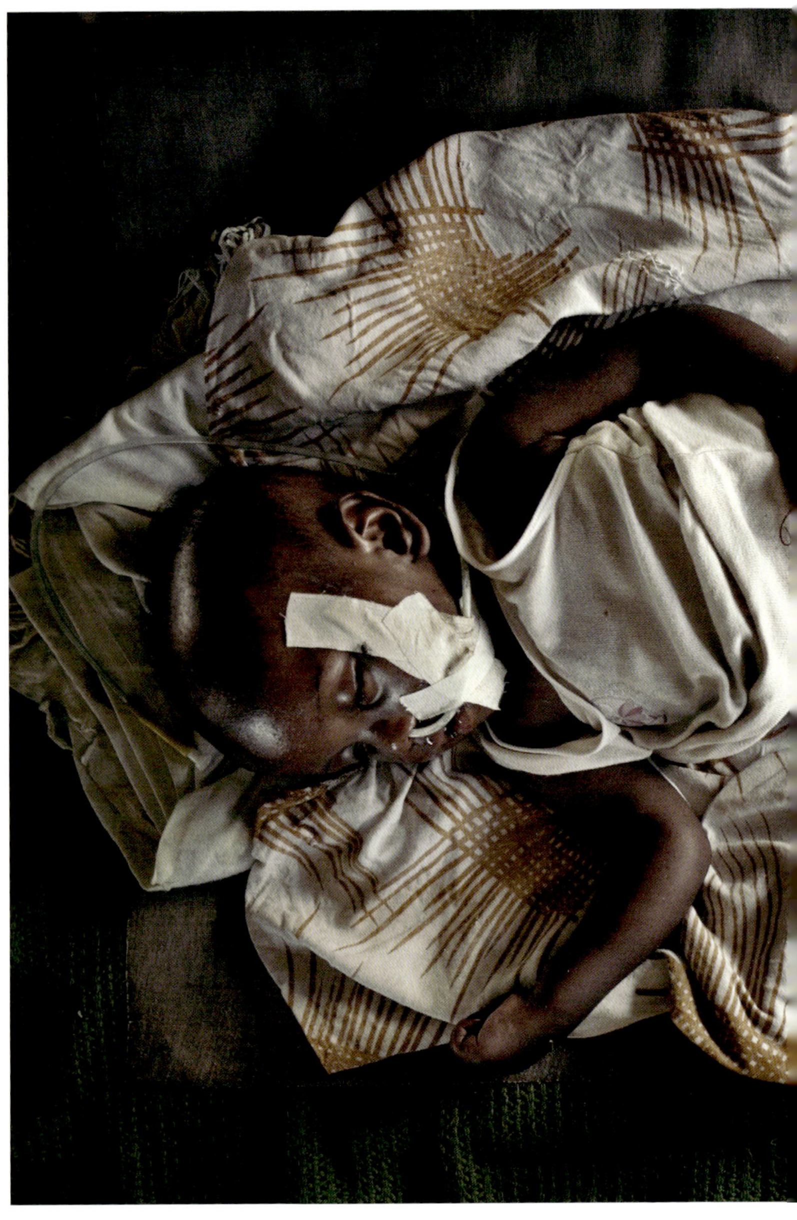

16. Mogadiscio, Somalia, 2008

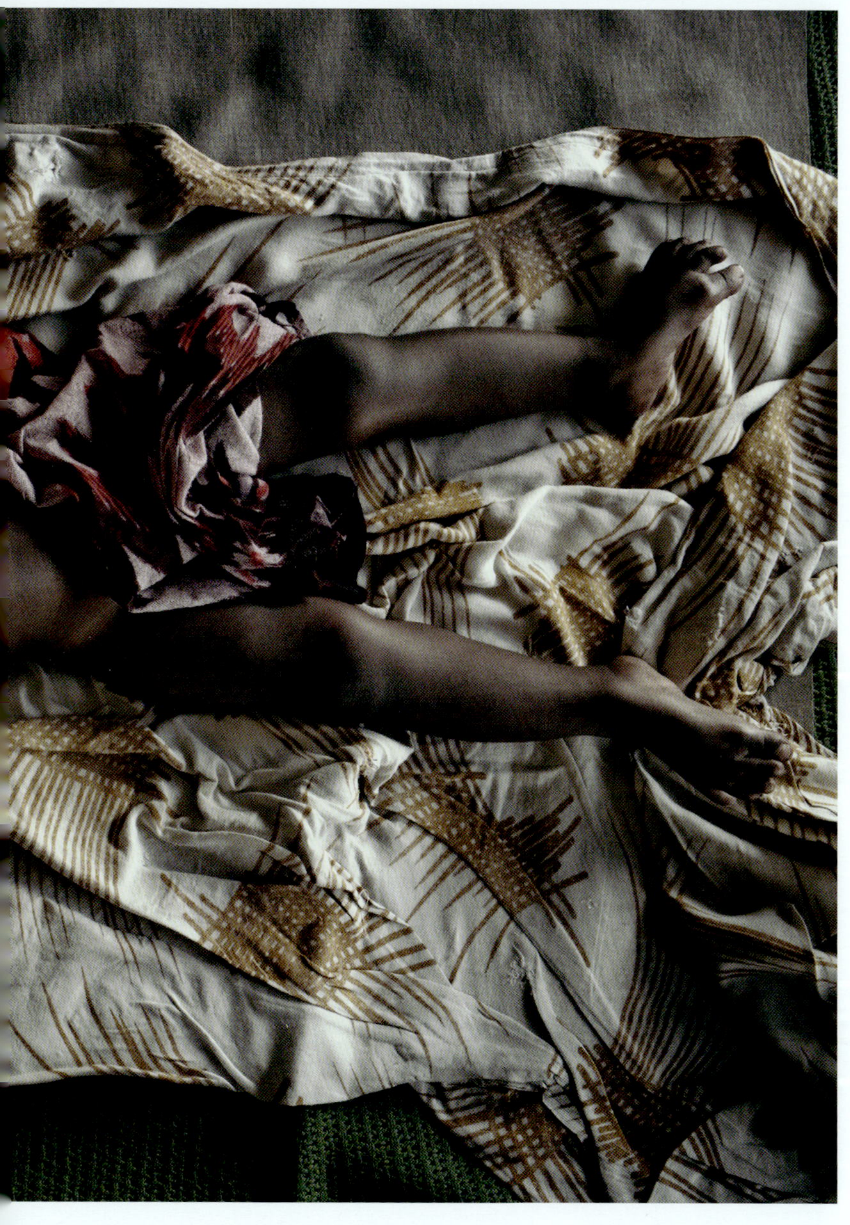

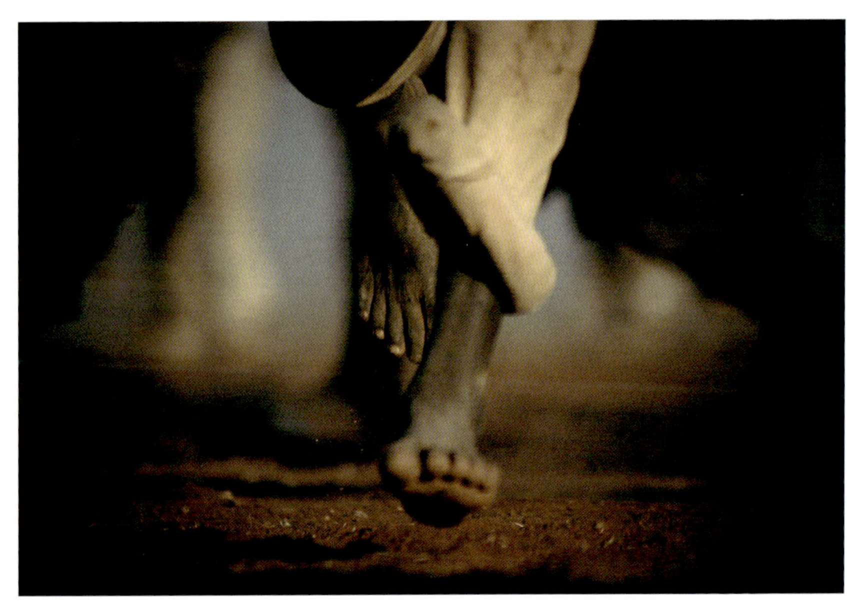

17. Darfur, Sudán, 2004

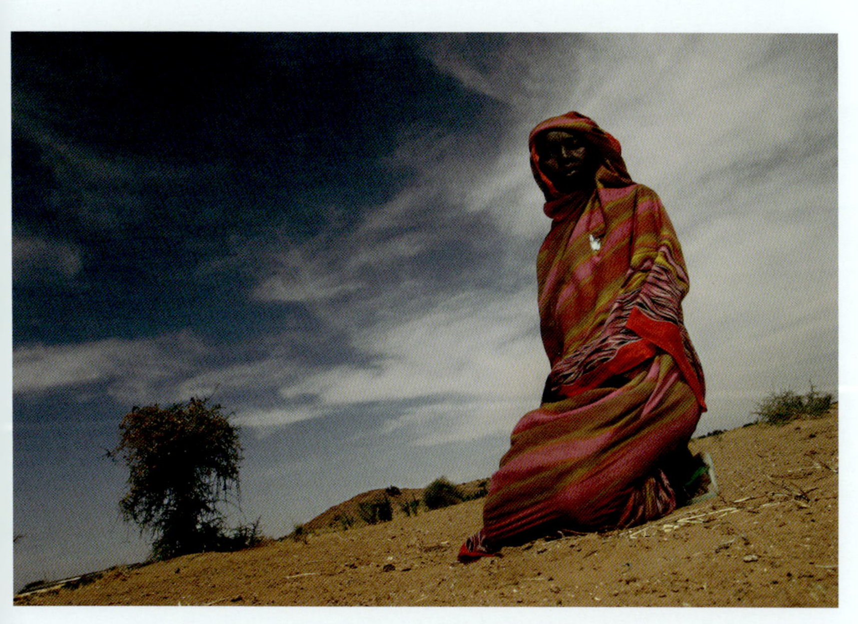

18. Darfur, Sudán, 2005

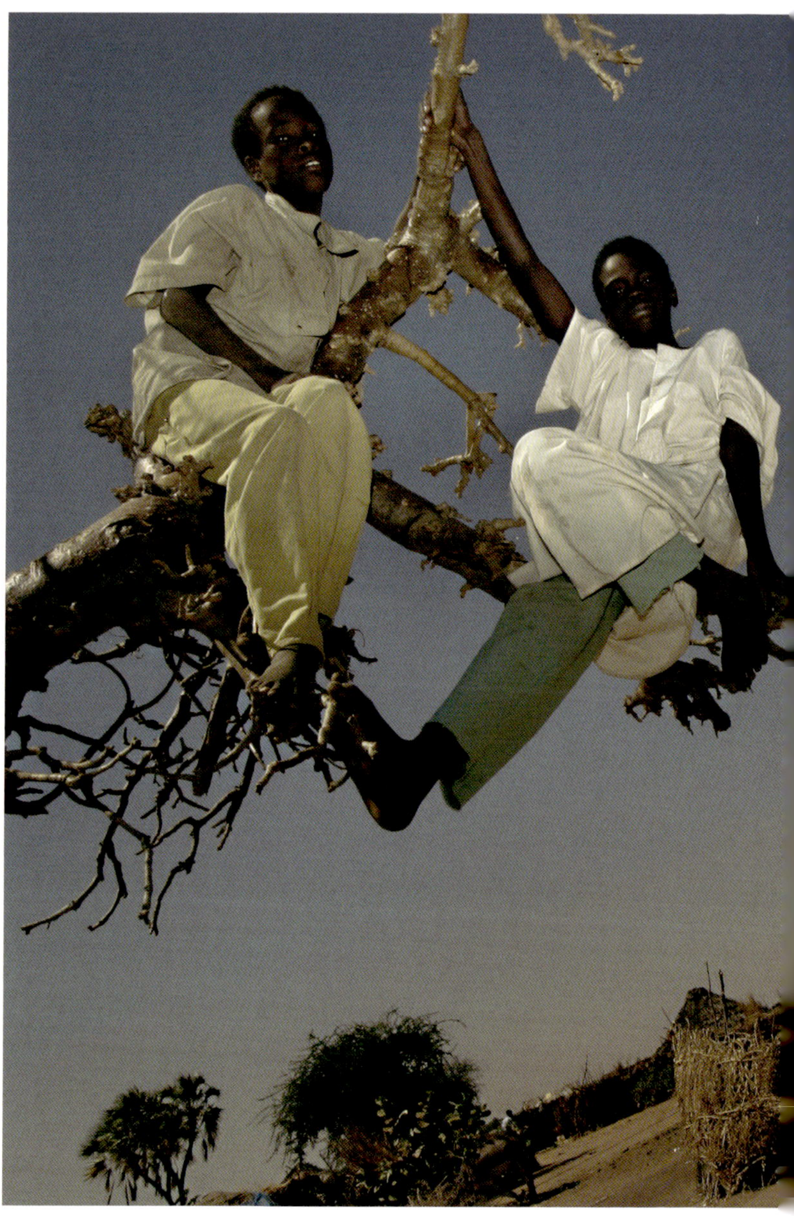

19. Darfur, Sudán, 2005

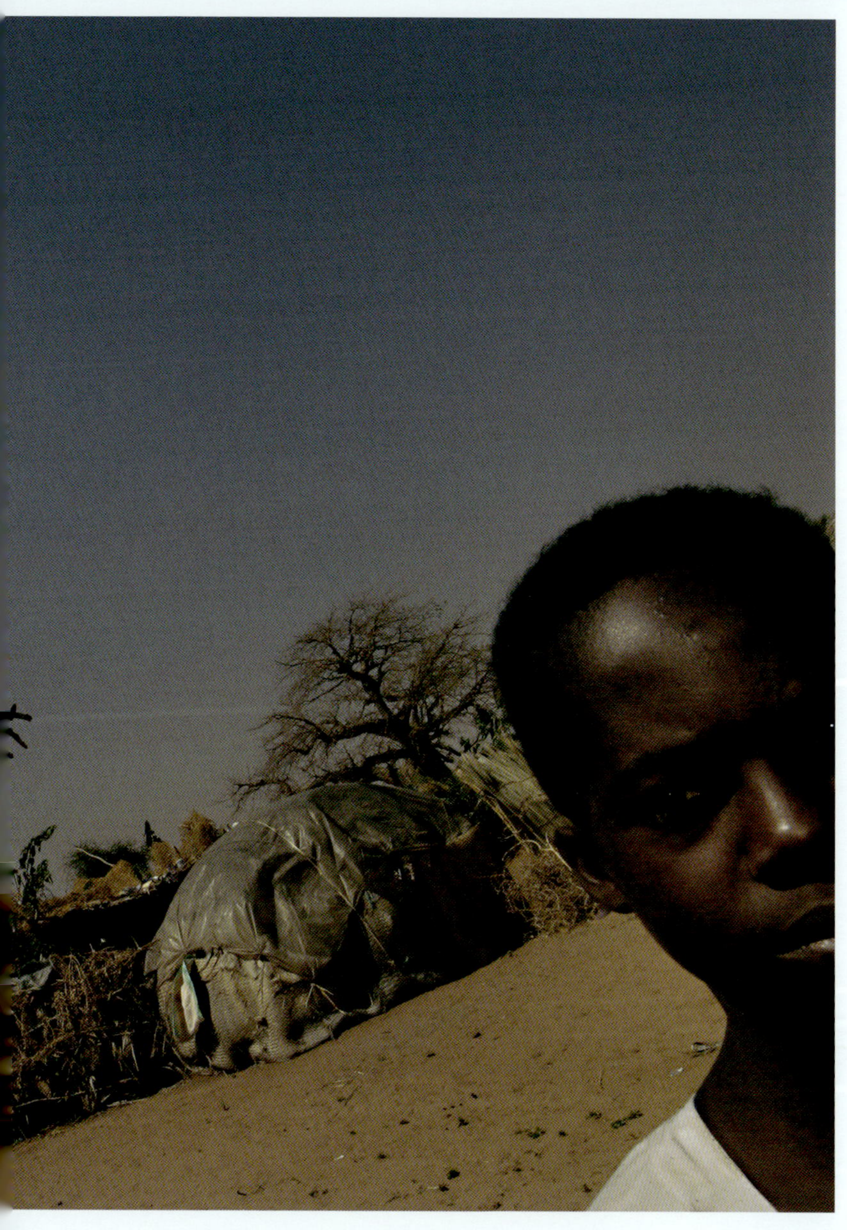

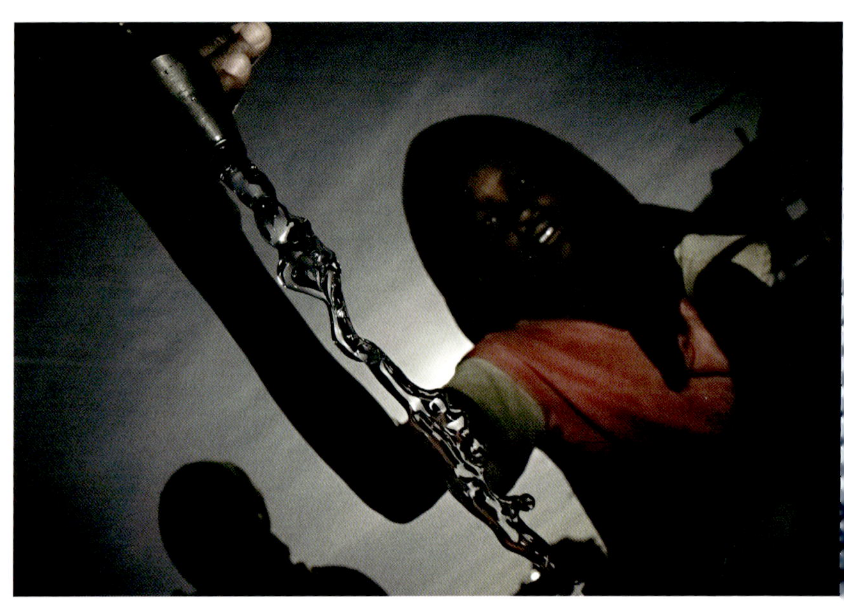

20. Darfur, Sudán, 2004

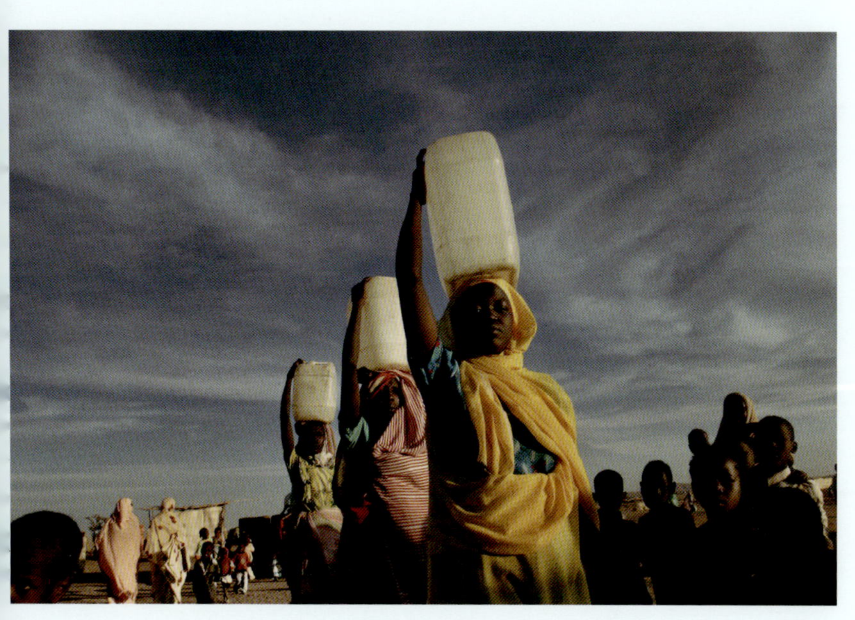

21. Darfur, Sudán, 2005

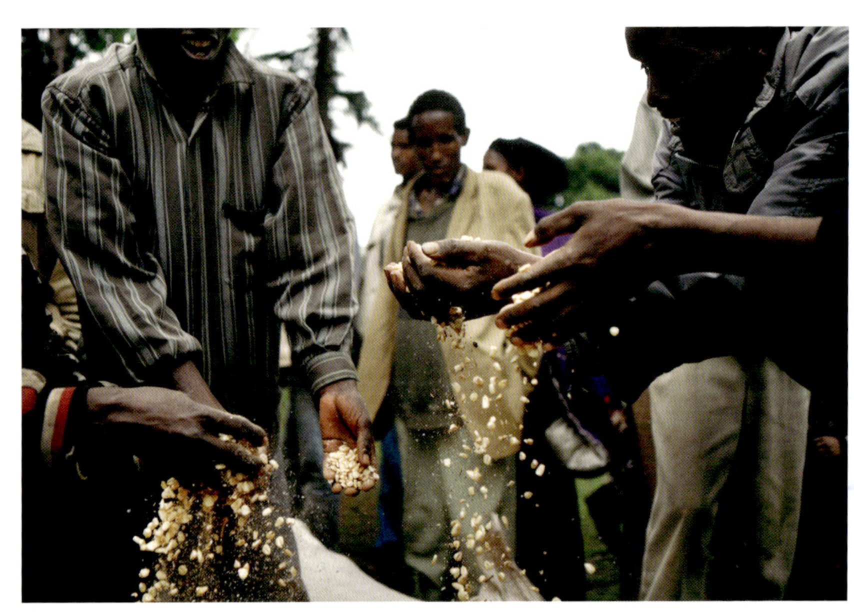

22. Wolayita, Etiopía, 2008

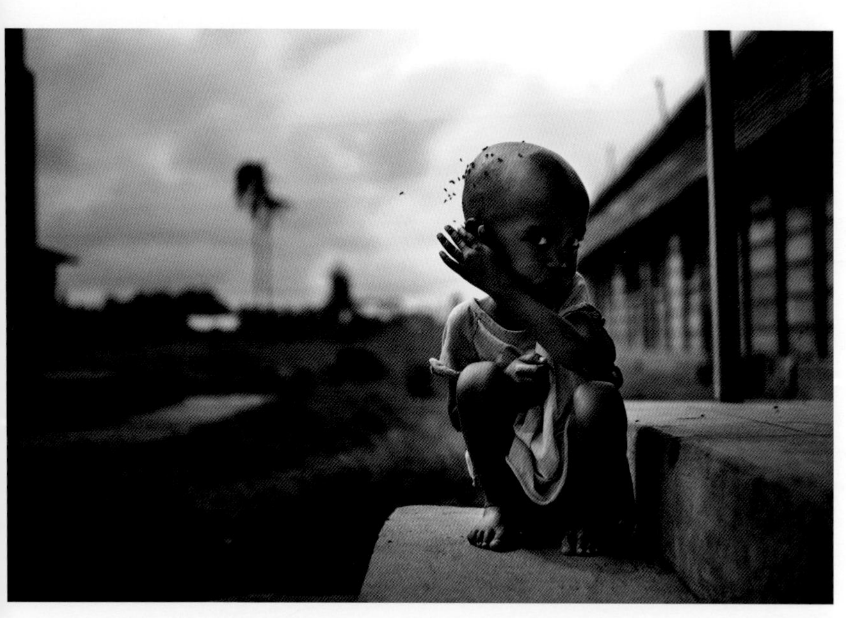

23. Damota Pulassa, Etiopía, 2008

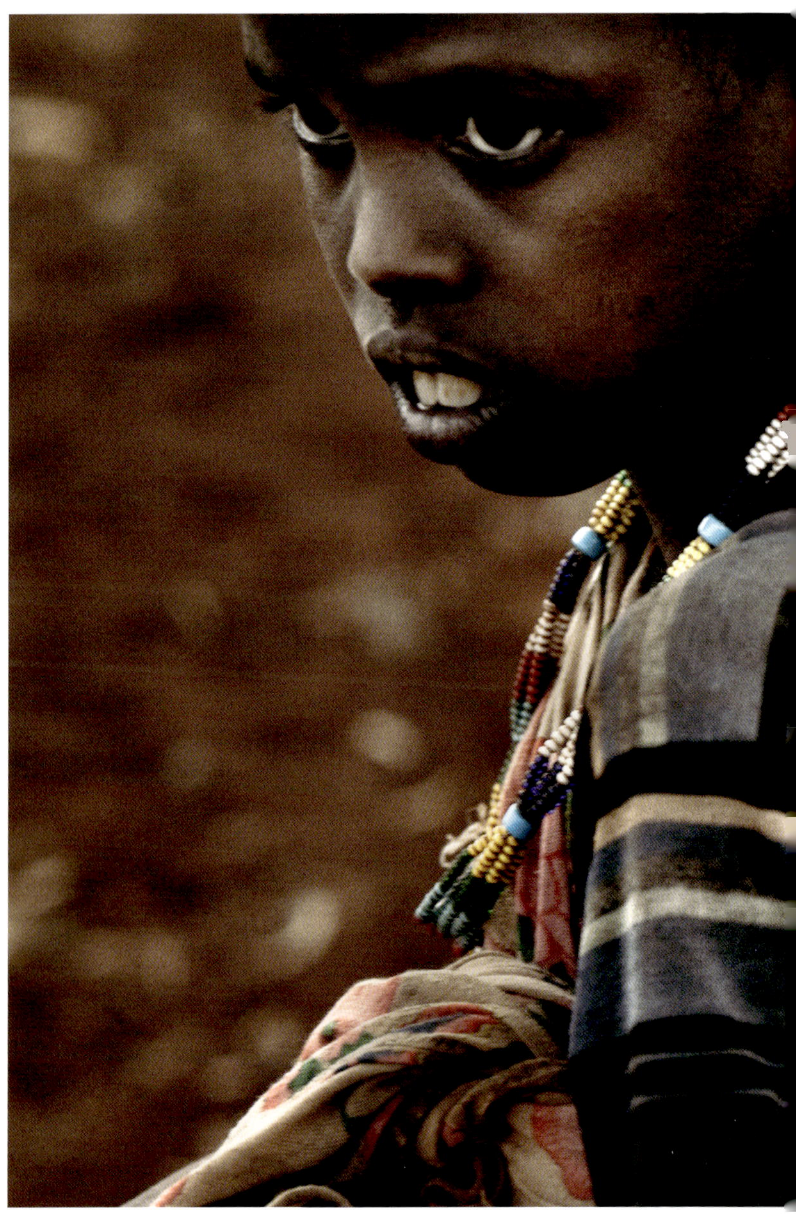

24. Hararghe Este, Etiopía, 2010

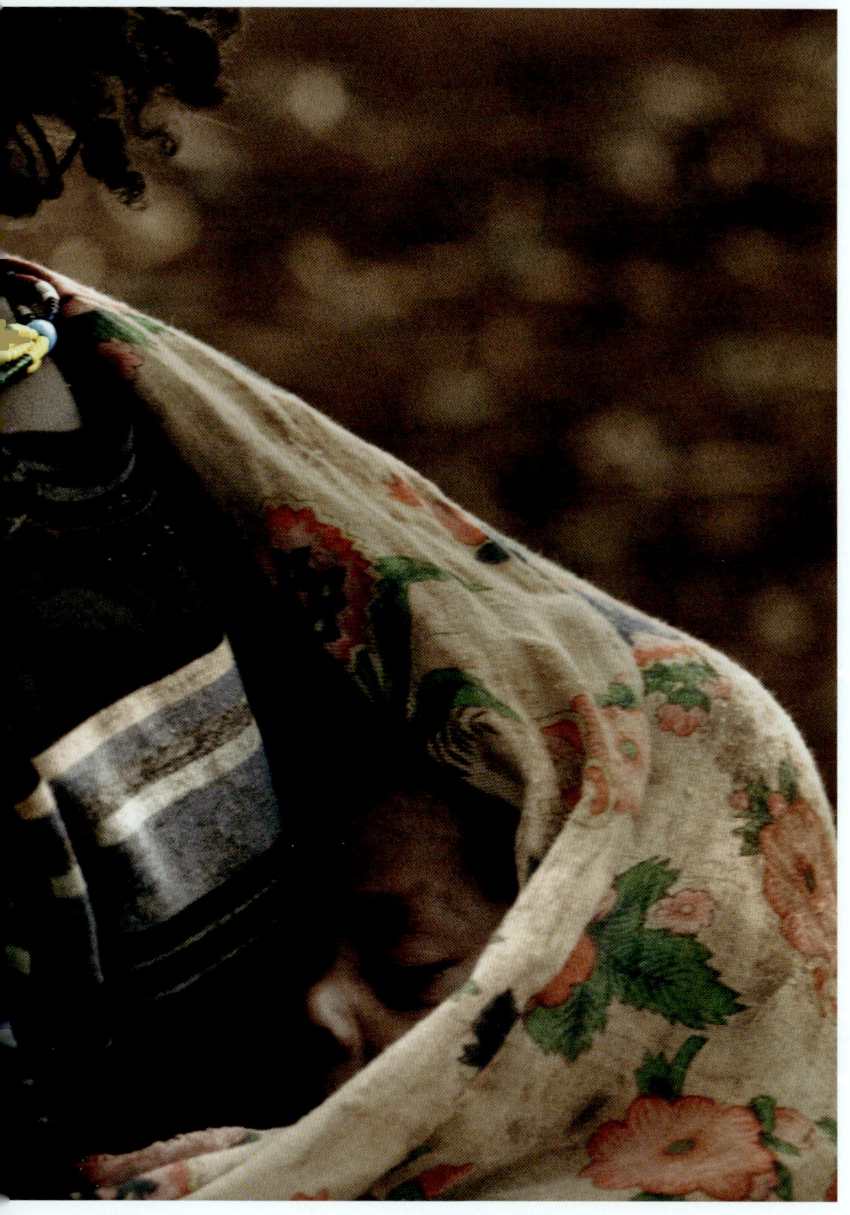

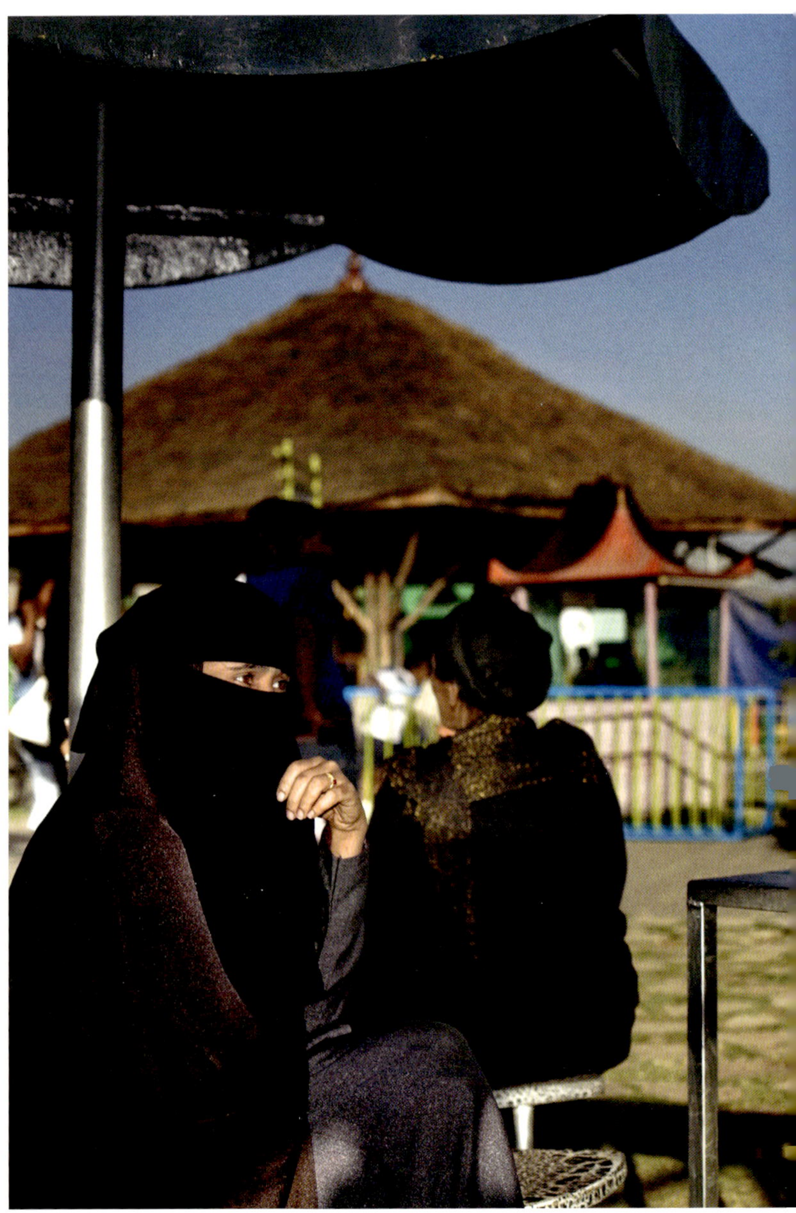

25. Adís Abeba, Etiopía, 2008

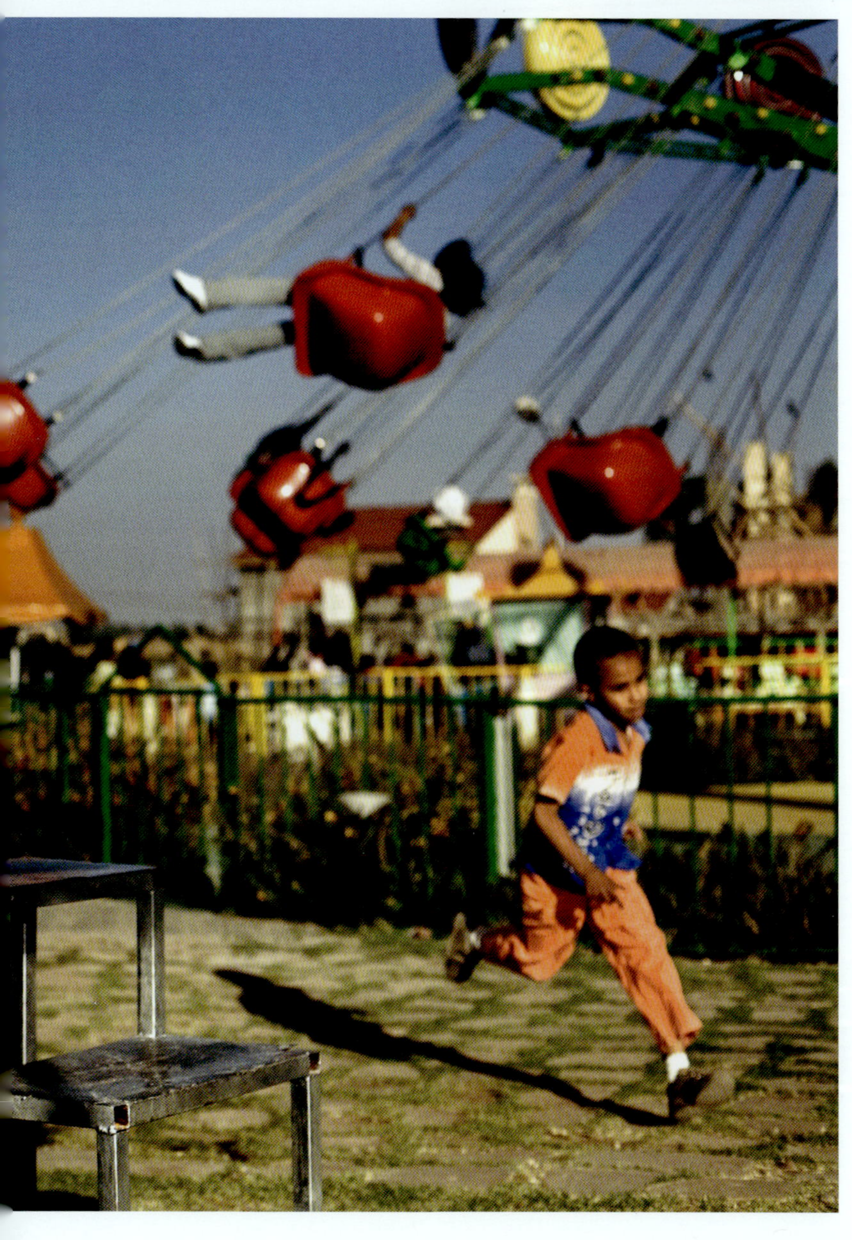

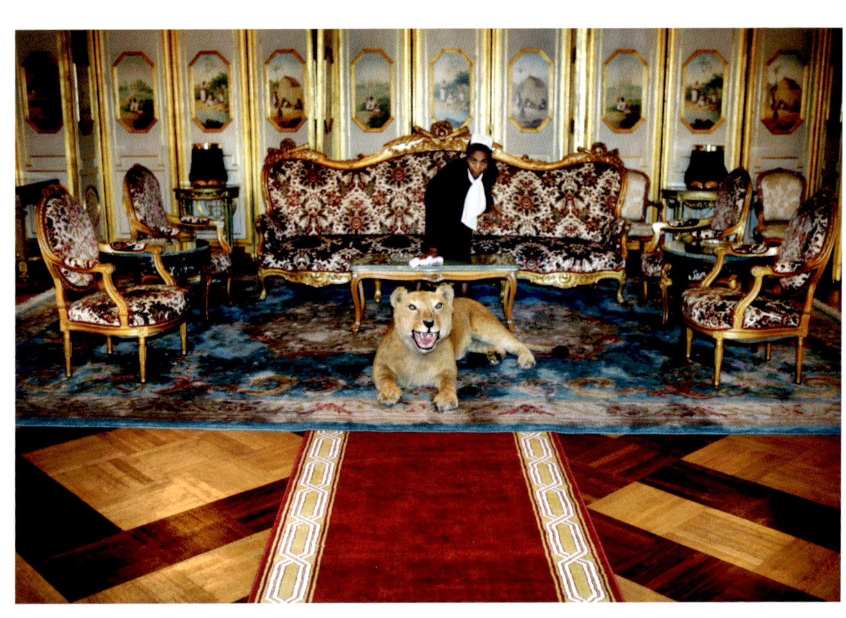

26. Adis Abeba, Etiopía, 2007

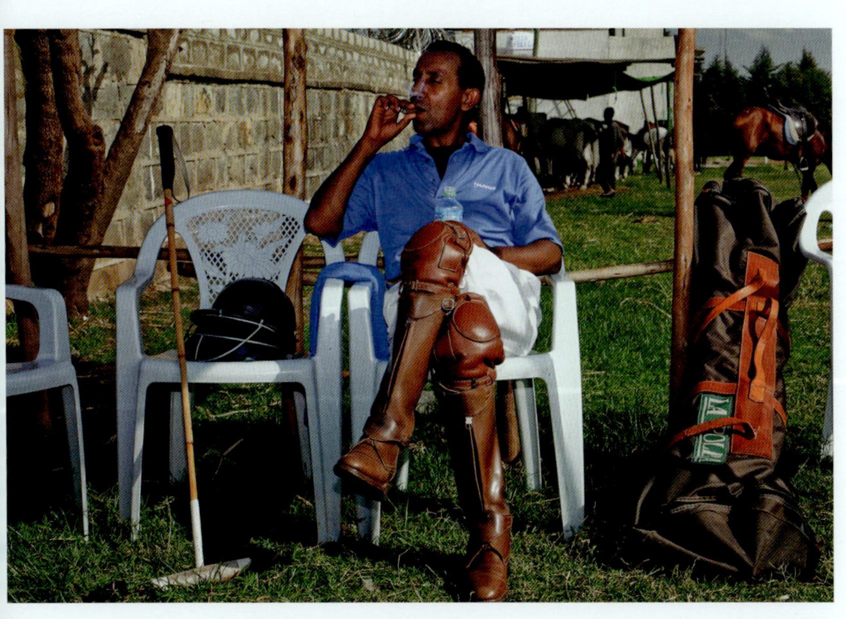

27. Adís Abeba, Etiopía, 2010

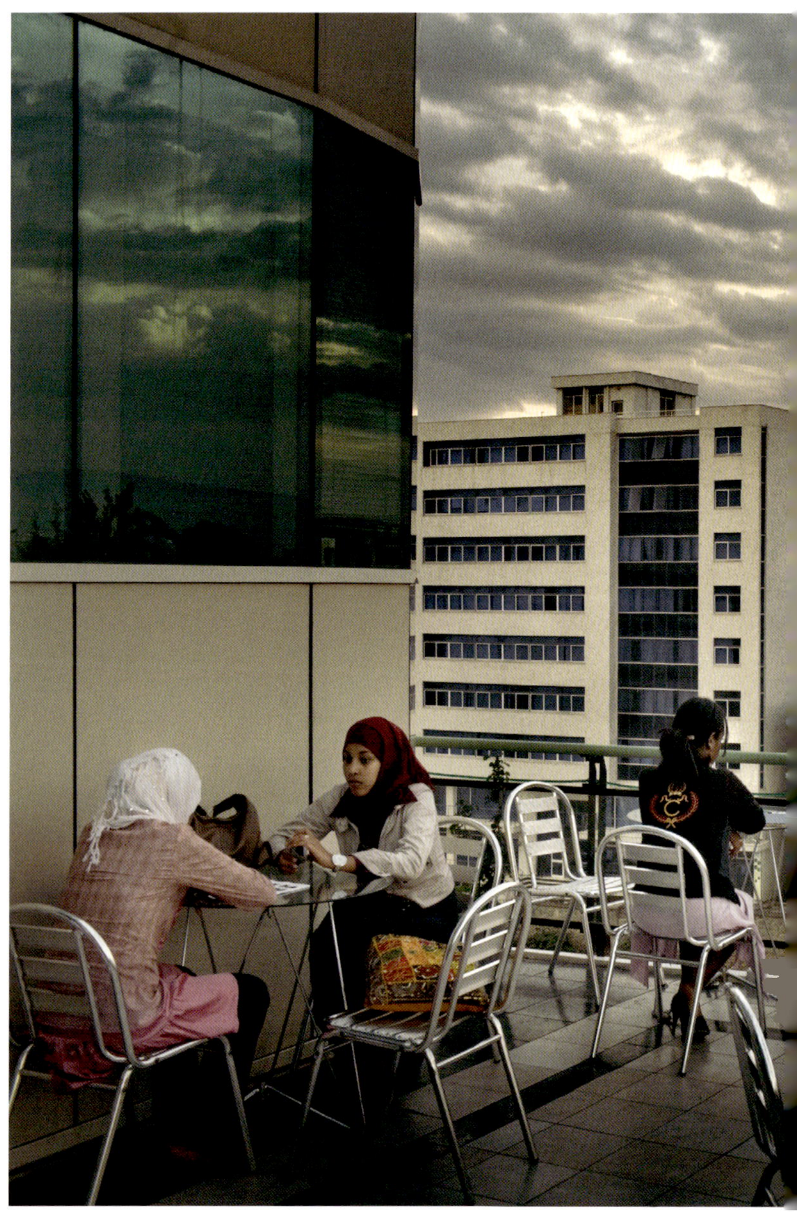

28. Adís Abeba, Etiopía, 2008

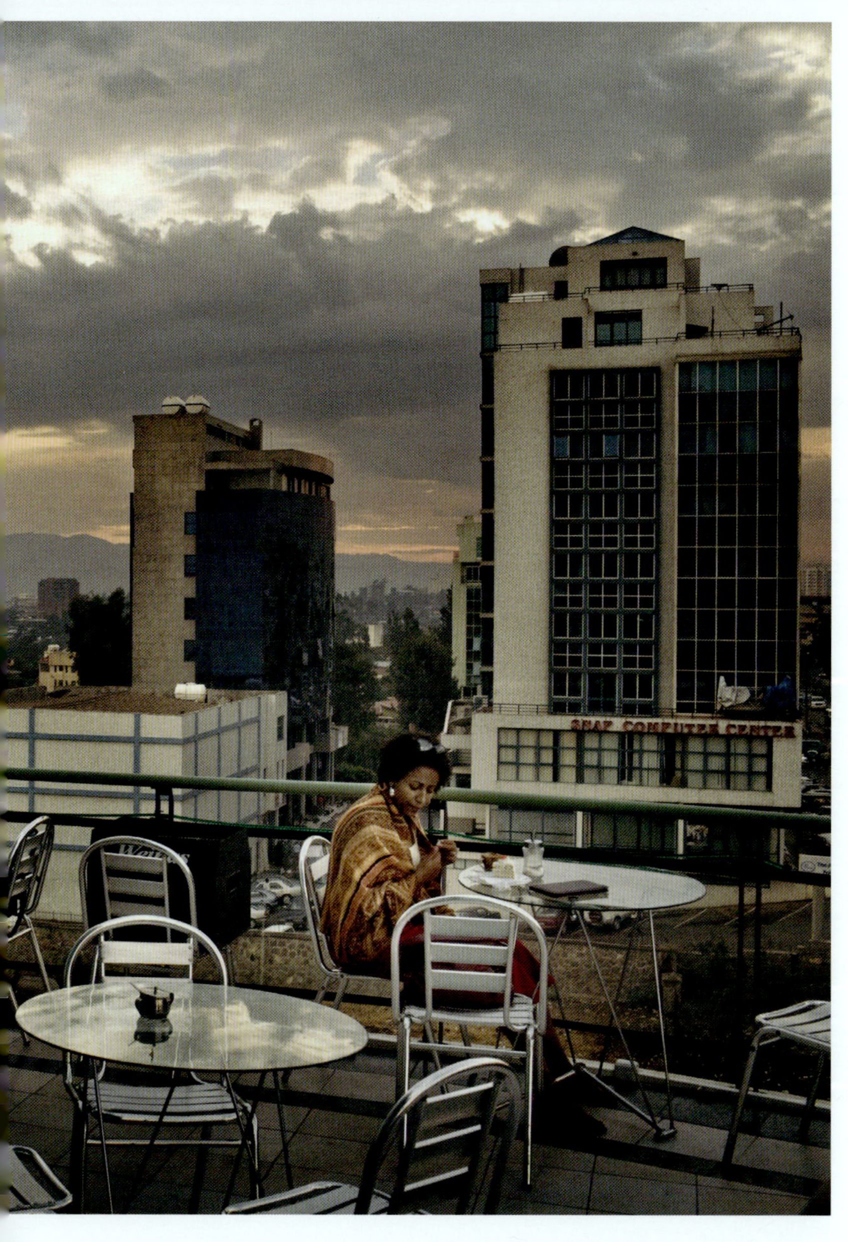
SHAF COMPUTER CENTER

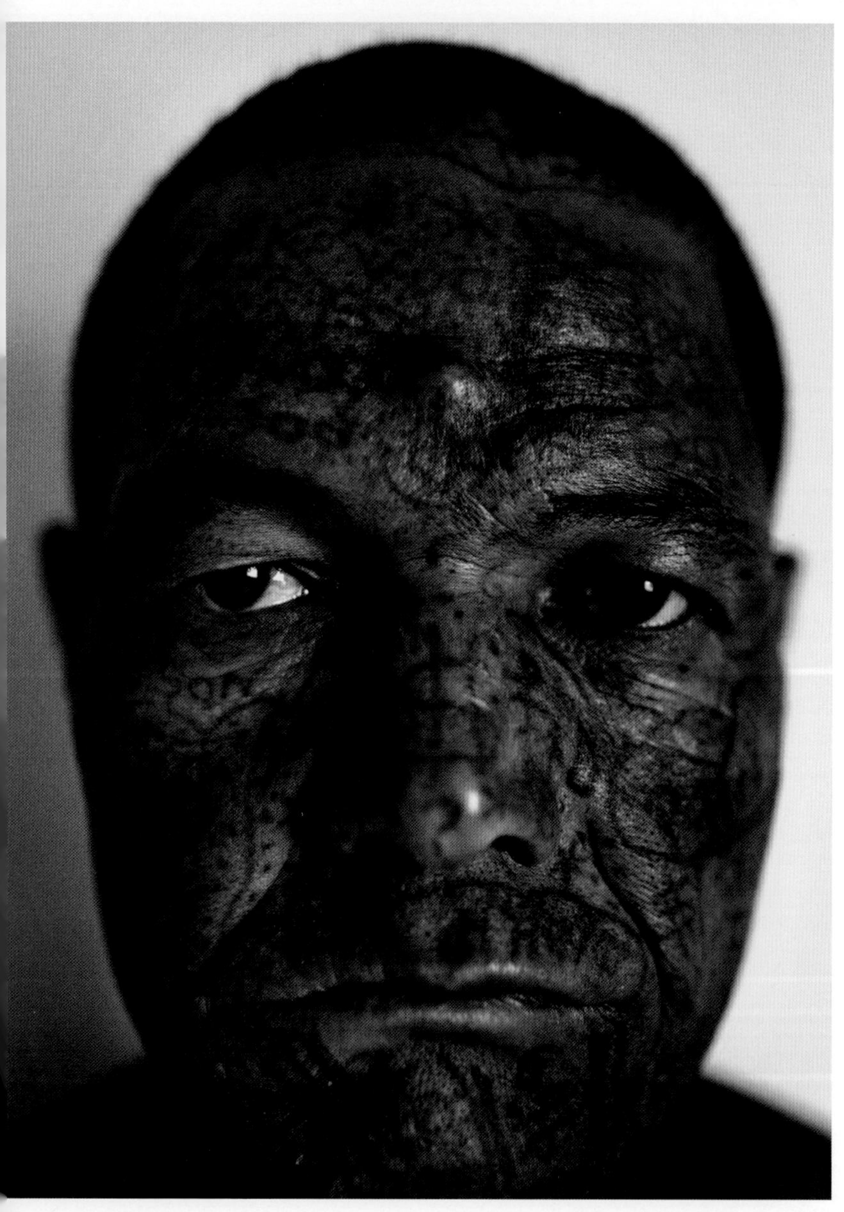

29. Ciudad del Cabo, Sudáfrica, 2010

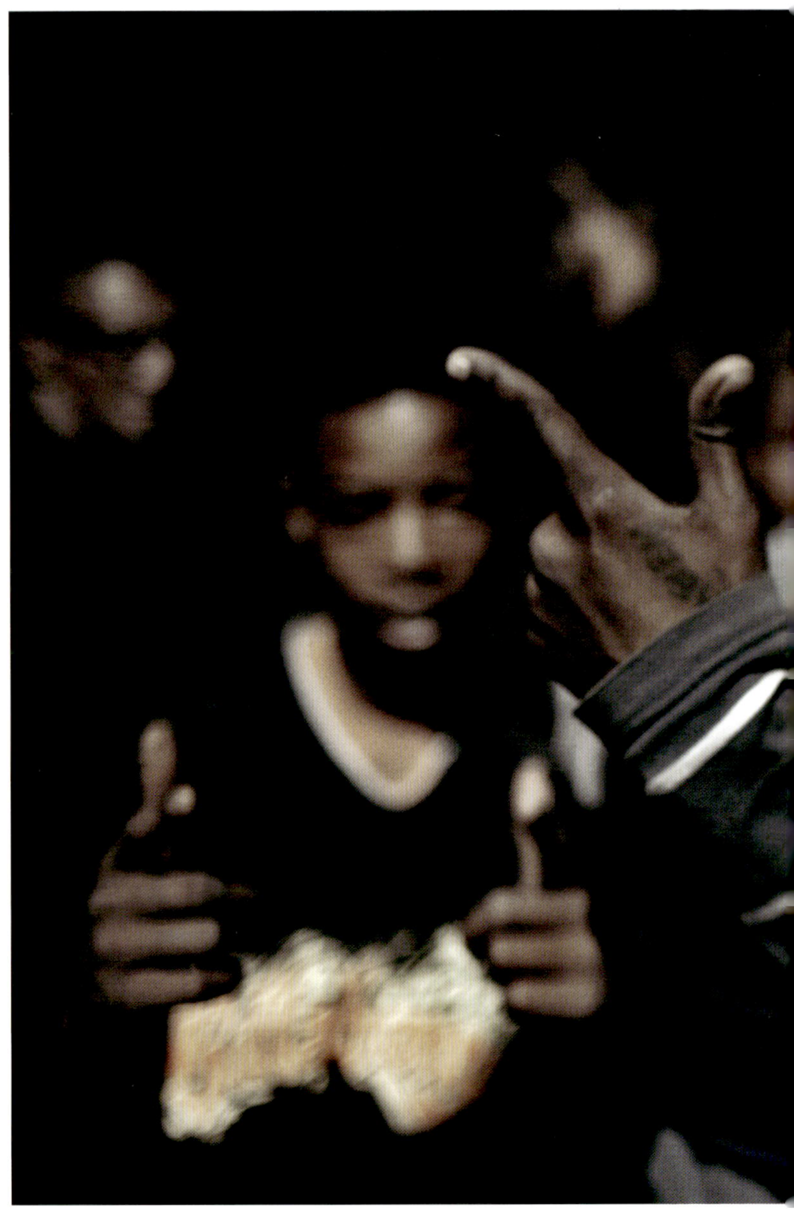

30. Ciudad del Cabo, Sudáfrica, 2010

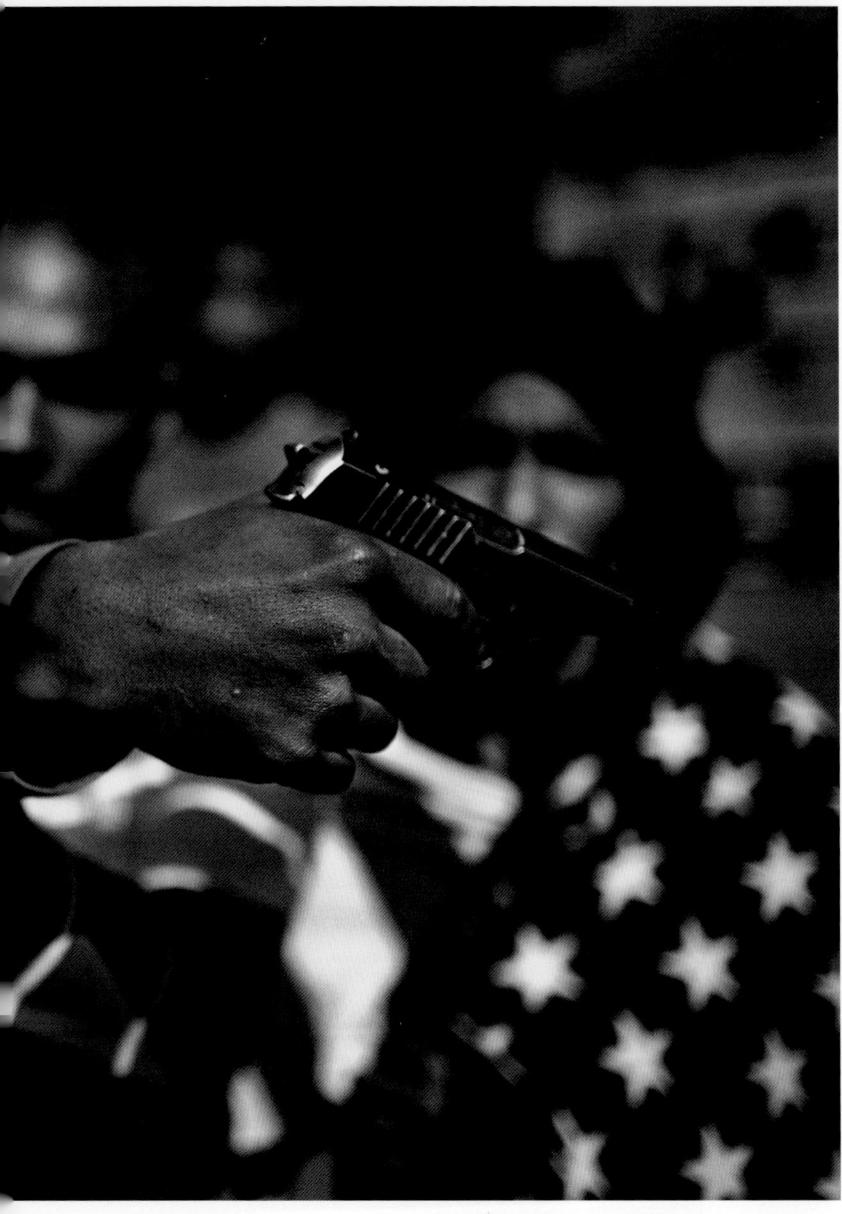

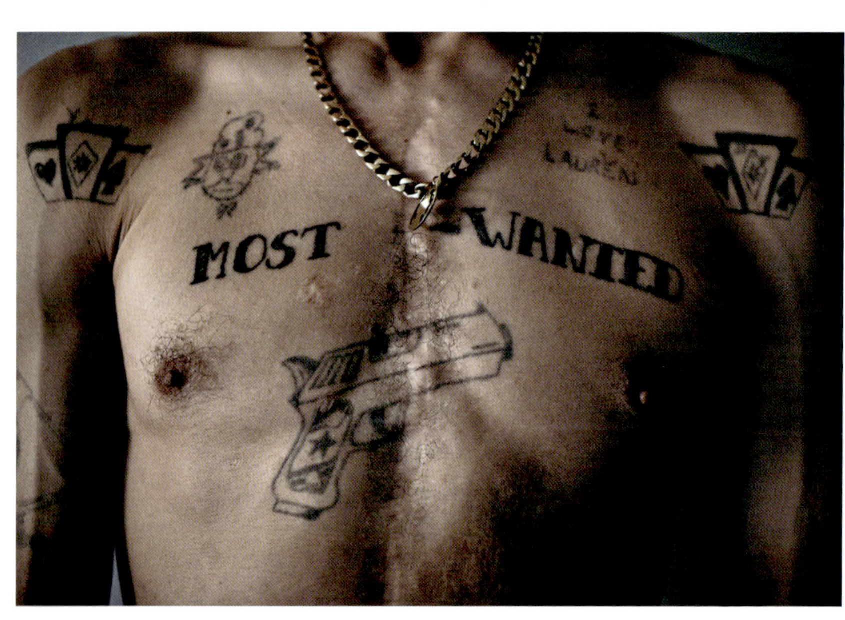

31. Ciudad del Cabo, Sudáfrica, 2010

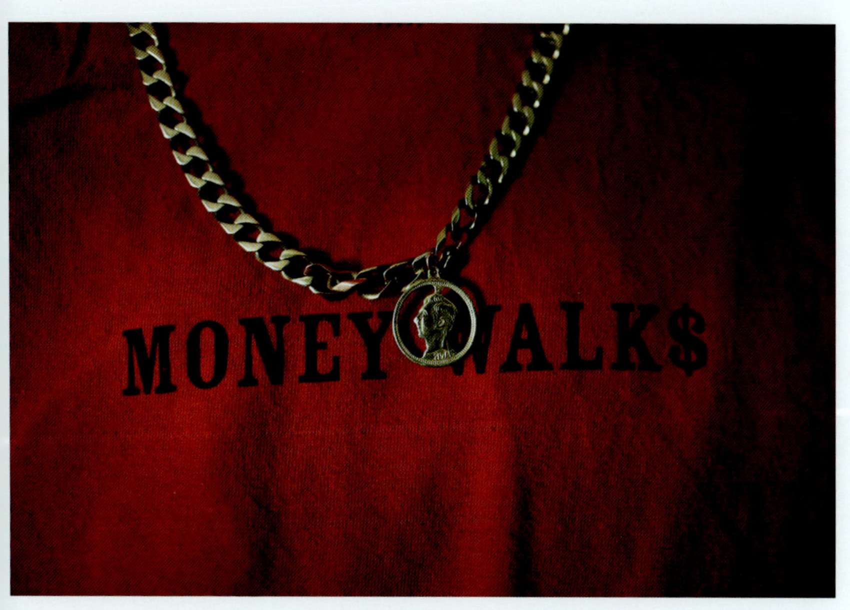

32. Ciudad del Cabo, Sudáfrica, 2010

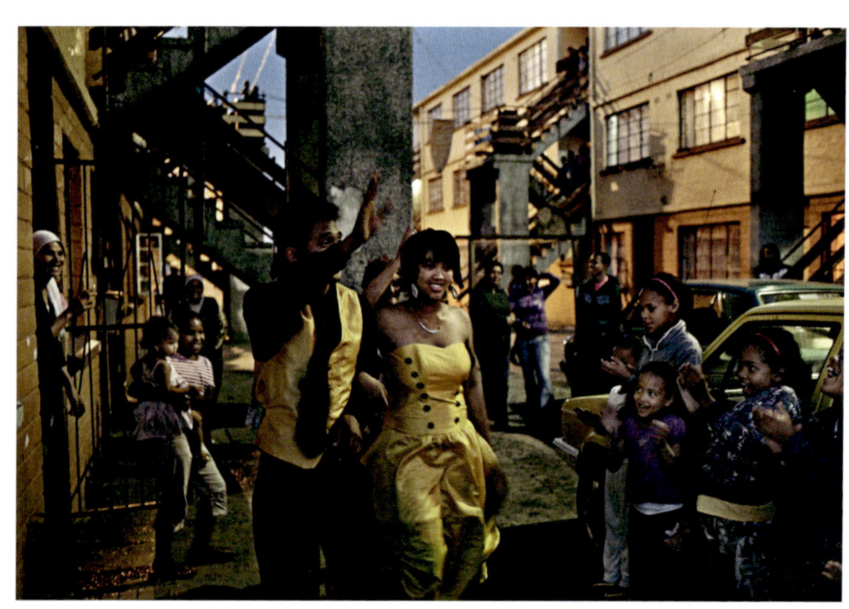

33. Ciudad del Cabo, Sudáfrica, 2010

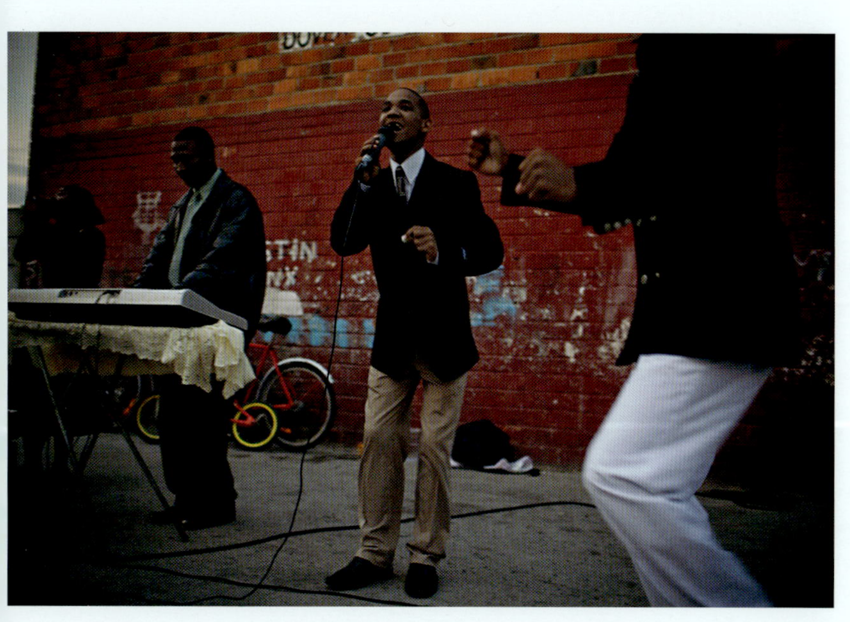

34. Ciudad del Cabo, Sudáfrica, 2010

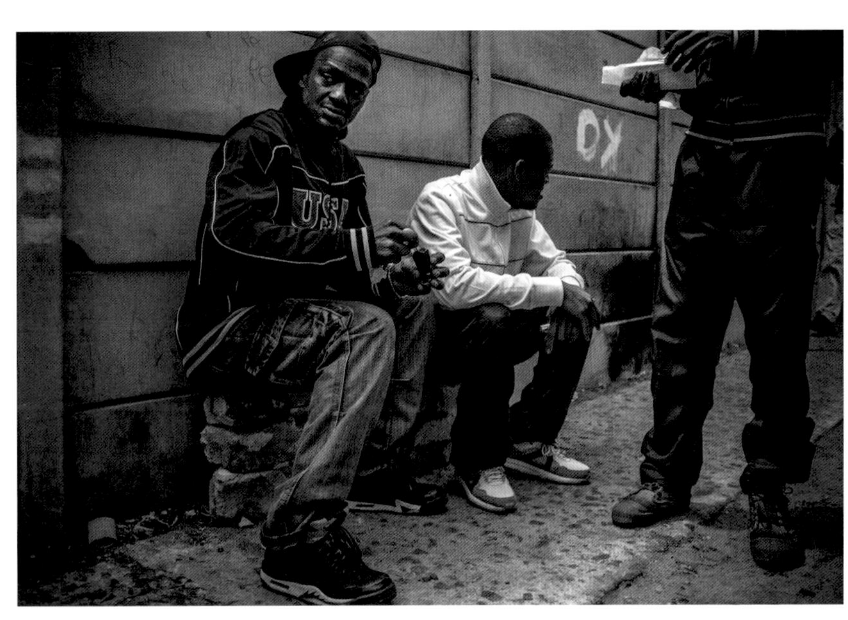

35. Ciudad del Cabo, Sudáfrica, 2010

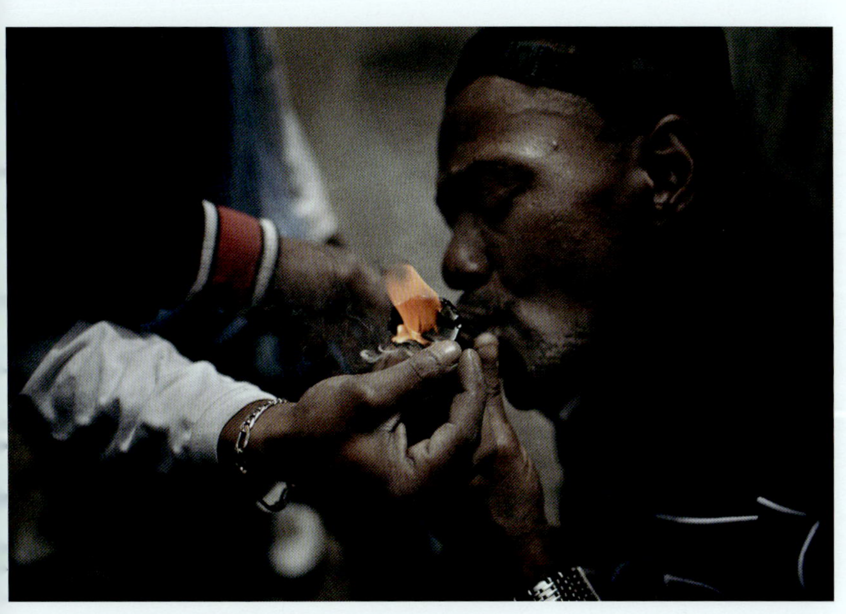

36. Ciudad del Cabo, Sudáfrica, 2010

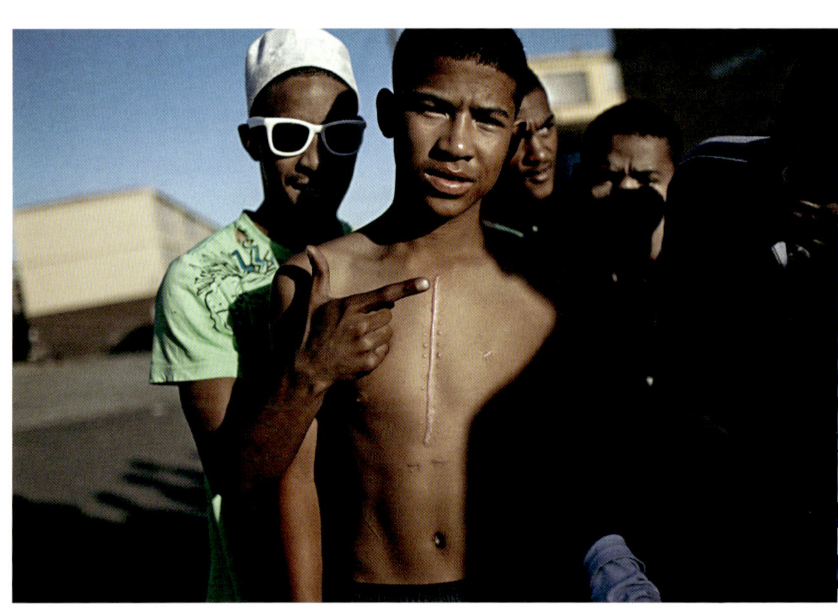

37. Ciudad del Cabo, Sudáfrica, 2010

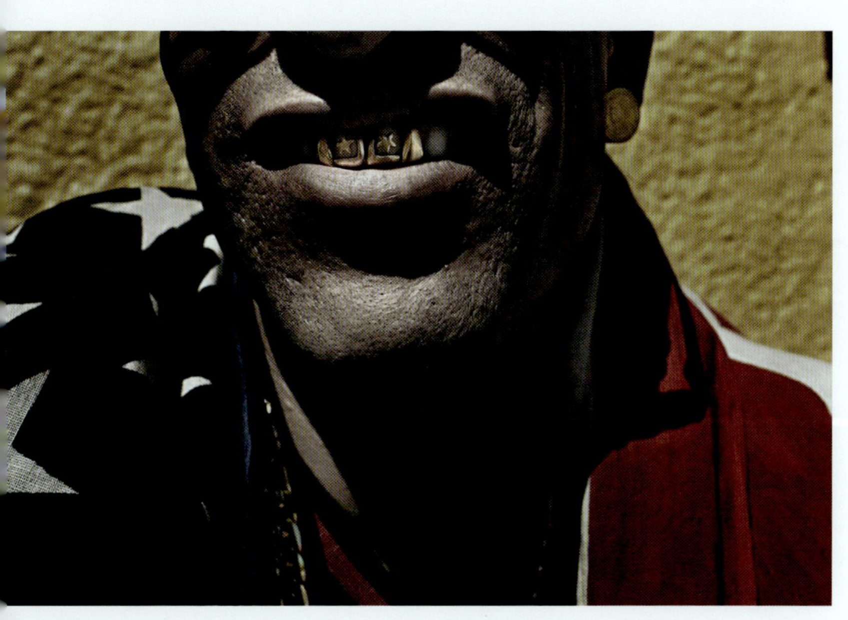

38. Ciudad del Cabo, Sudáfrica, 2010

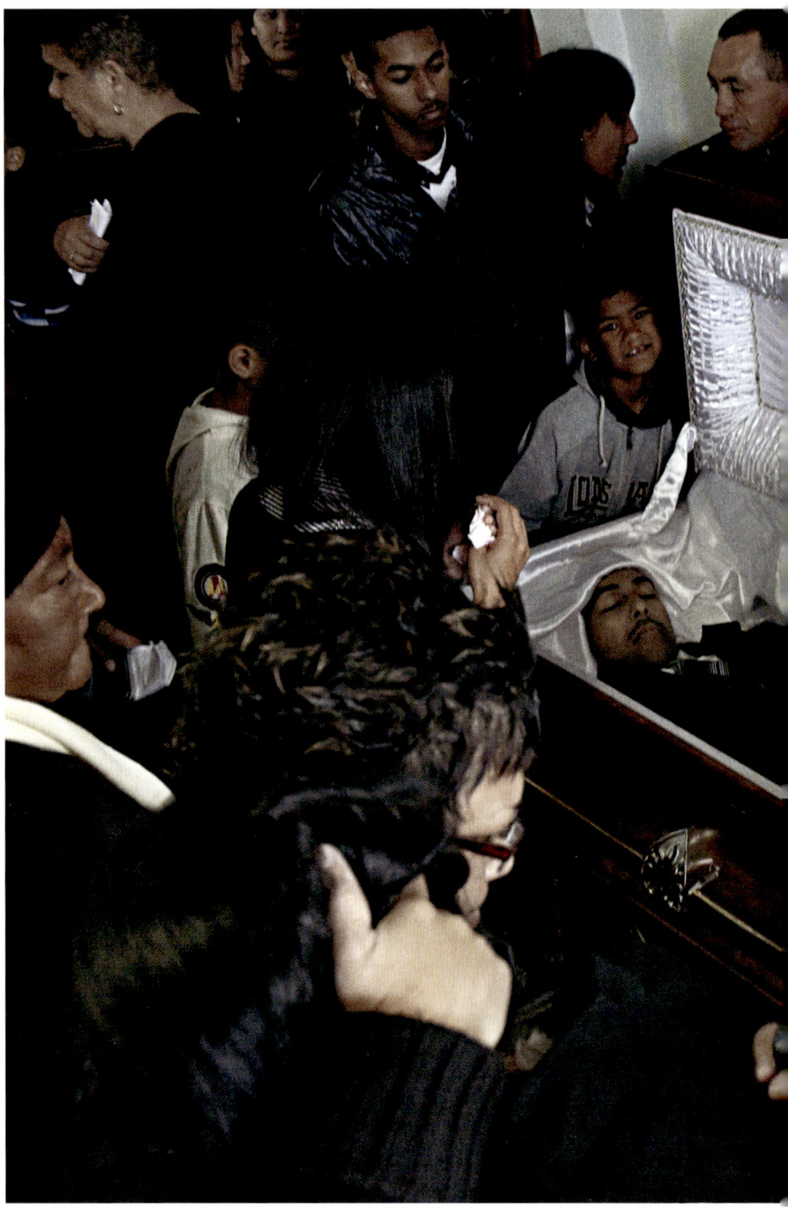

39. Ciudad del Cabo, Sudáfrica, 2010

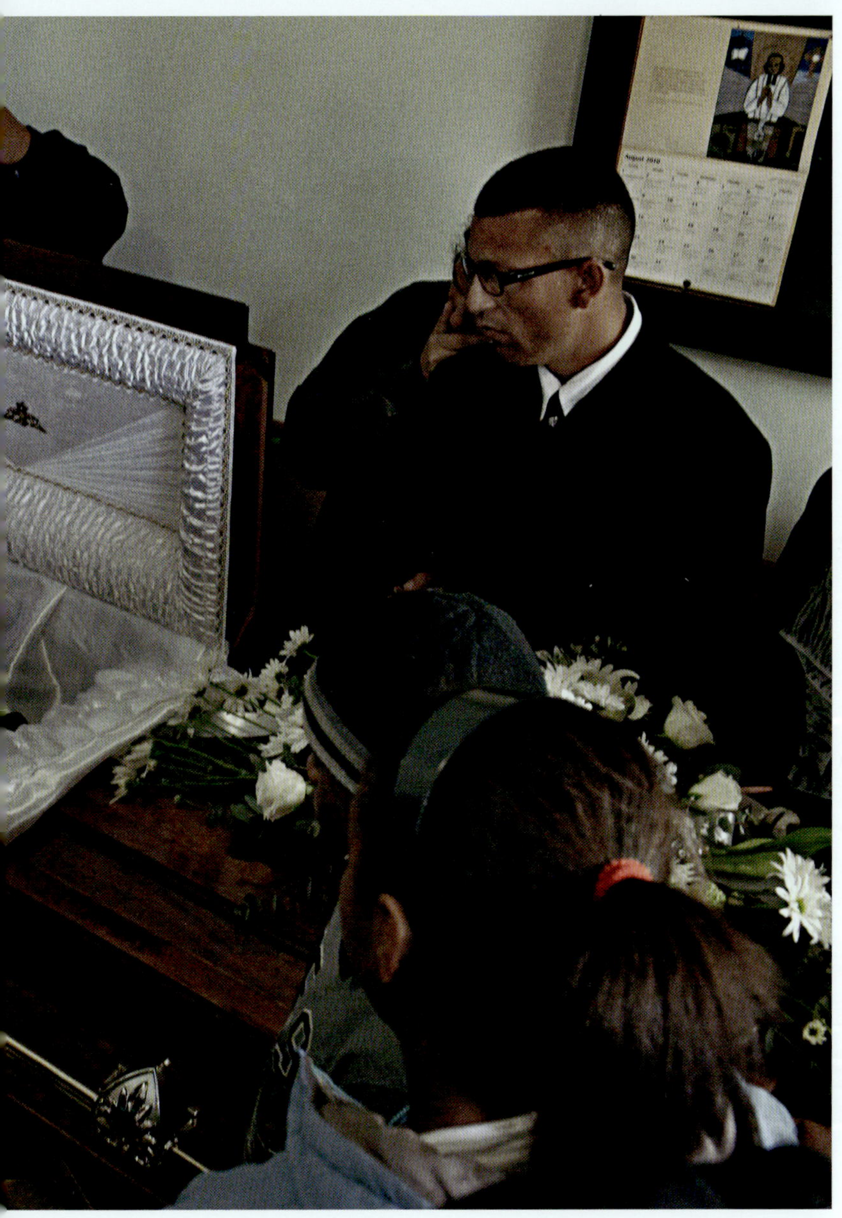

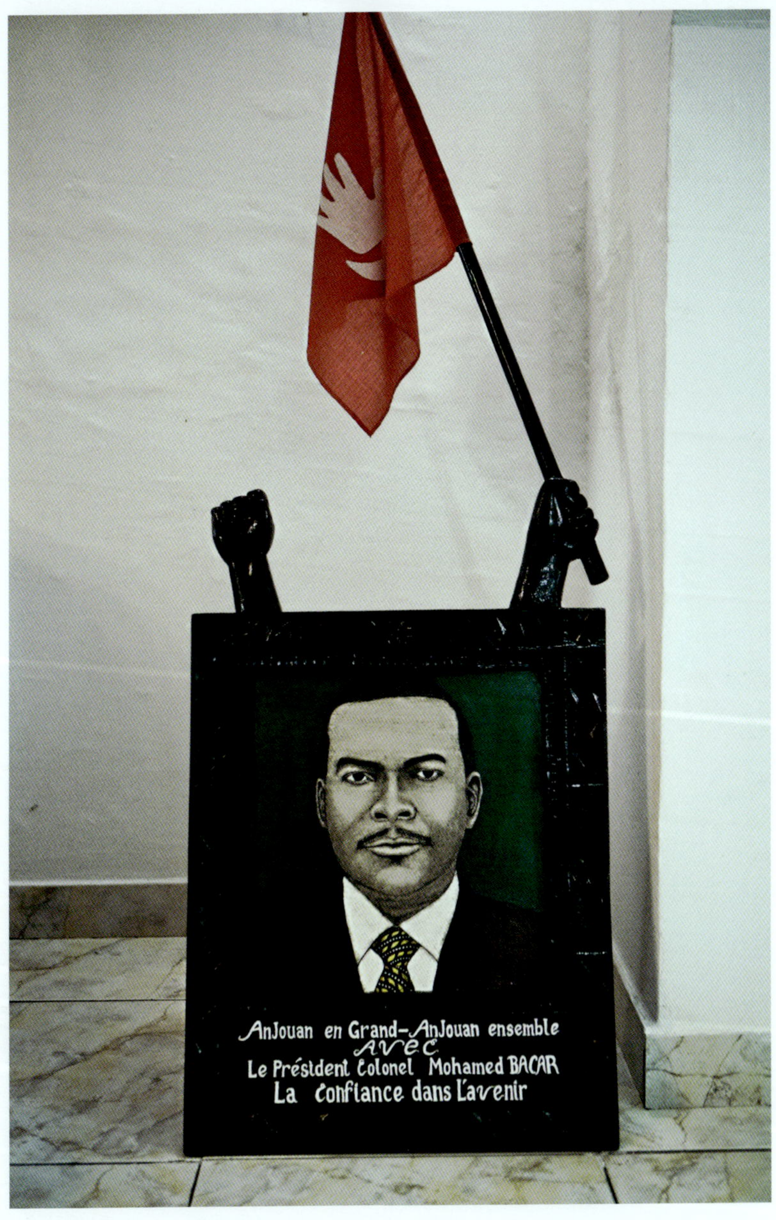

40. Anjouan, Islas Comoras, 2008

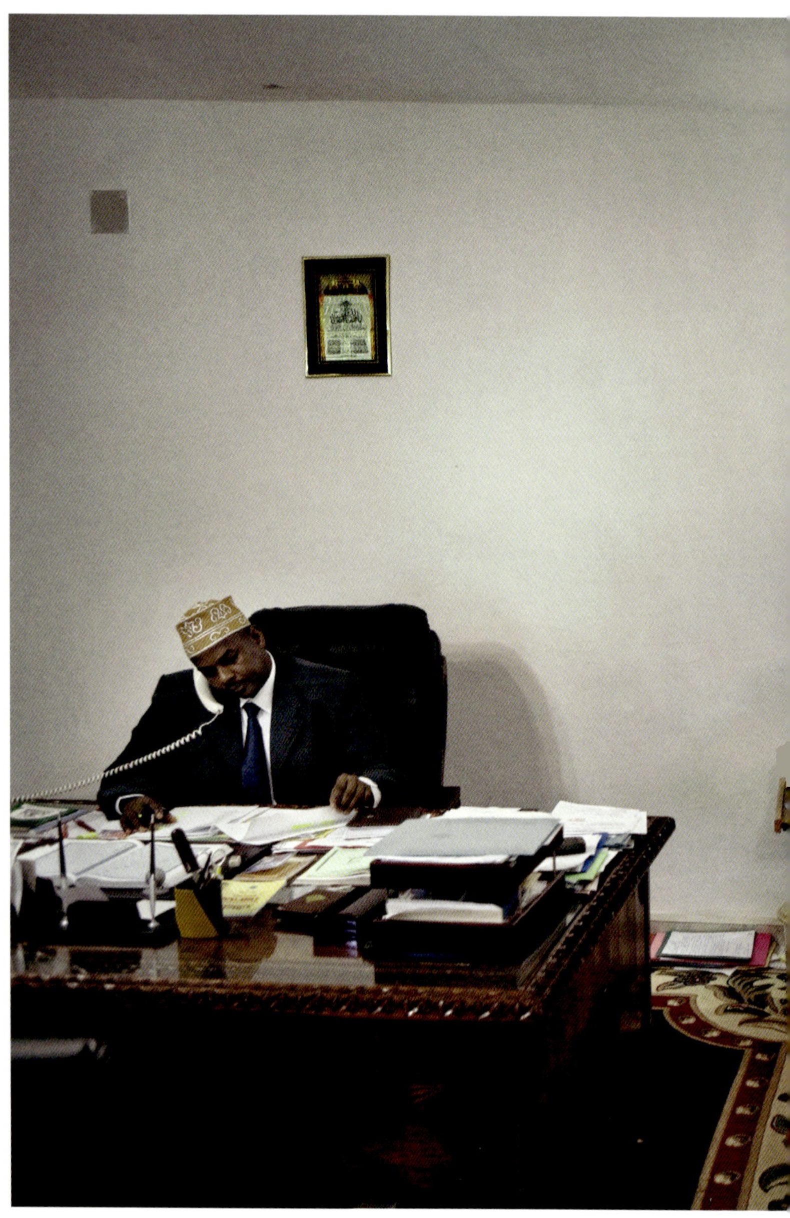

41. Anjouan, Islas Comoras, 2008

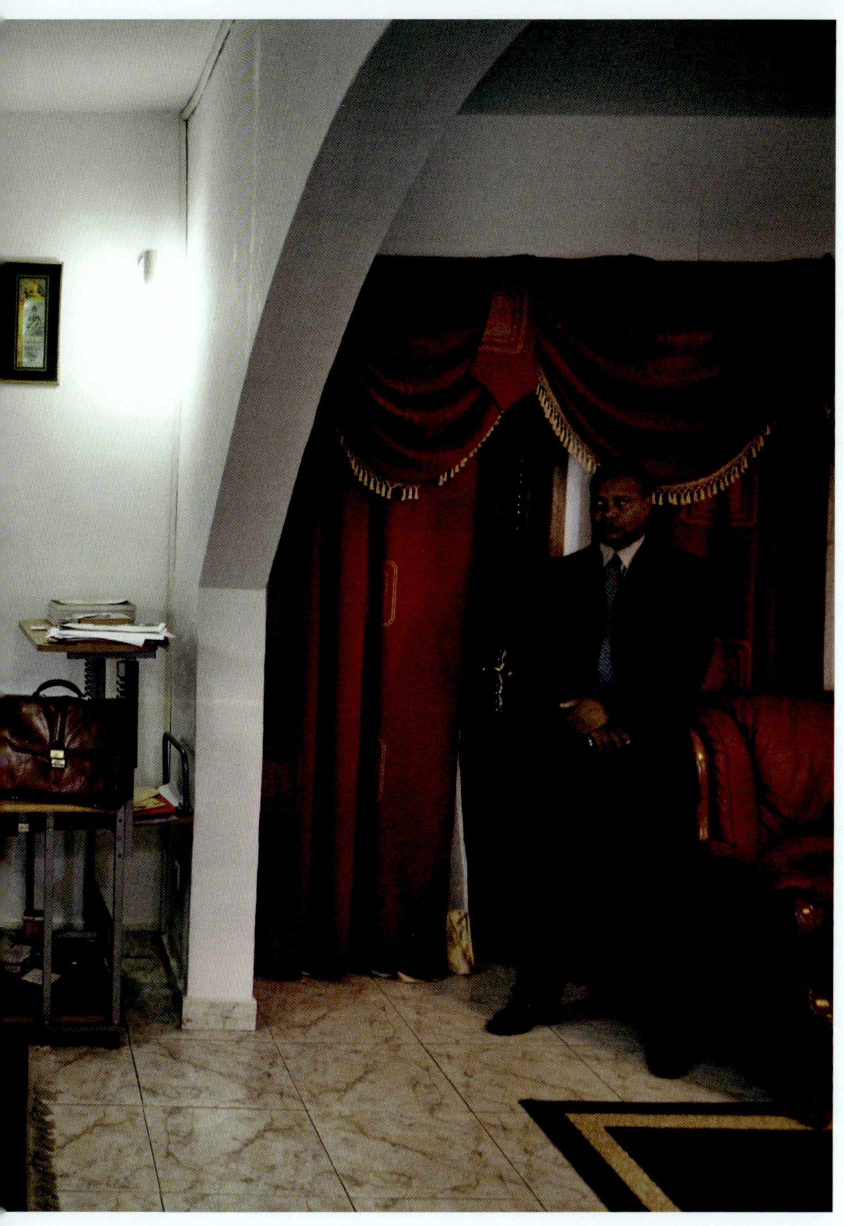

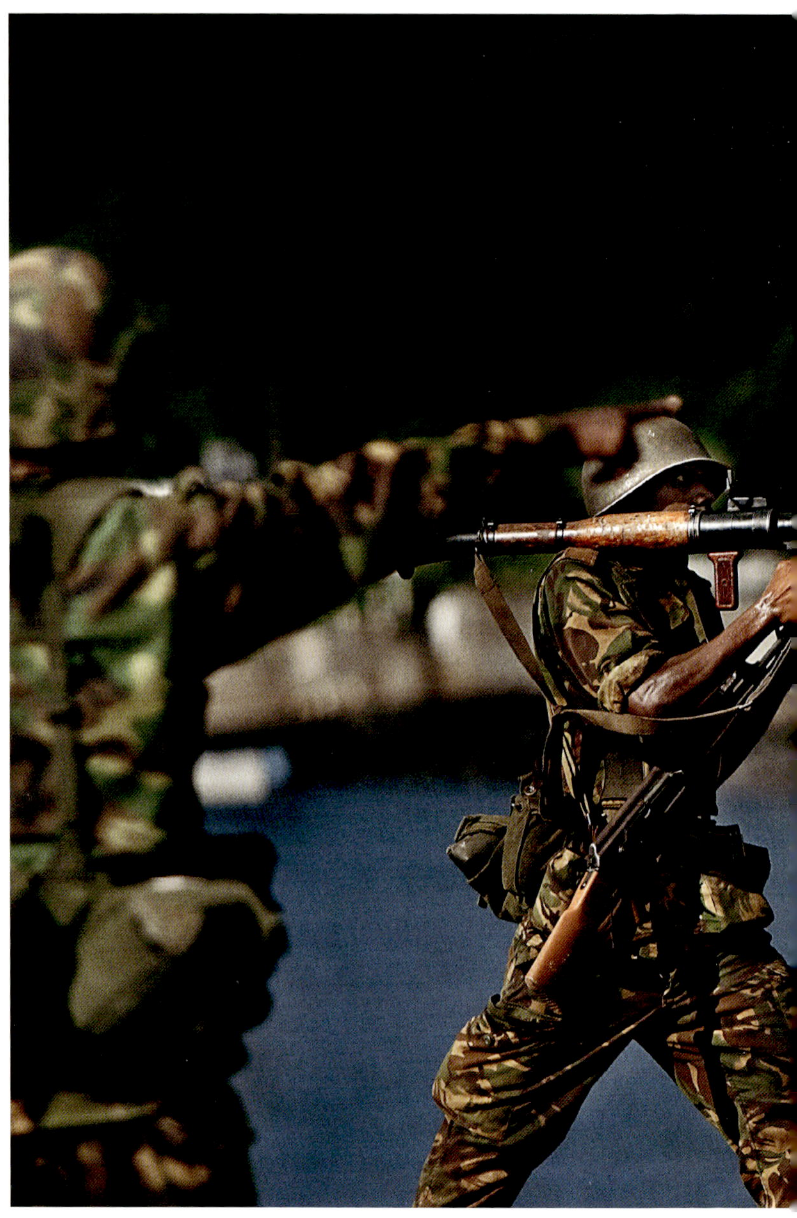

42. Moheli, Islas Comoras, 2008

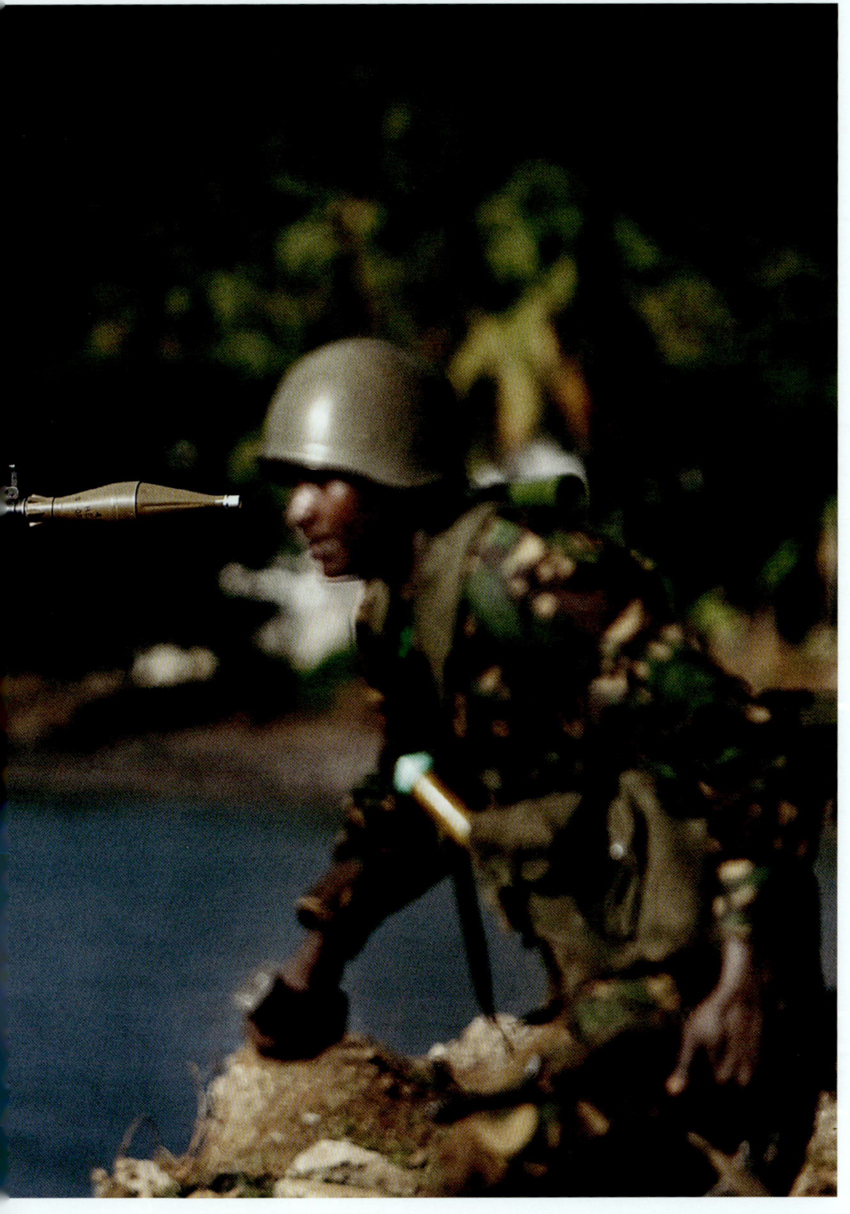

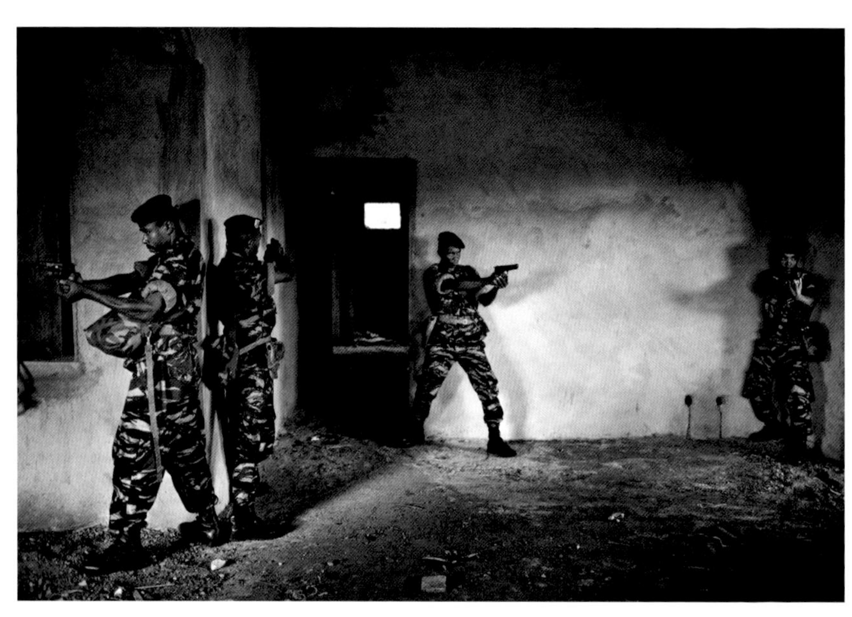

43. Anjouan, Islas Comoras, 2008

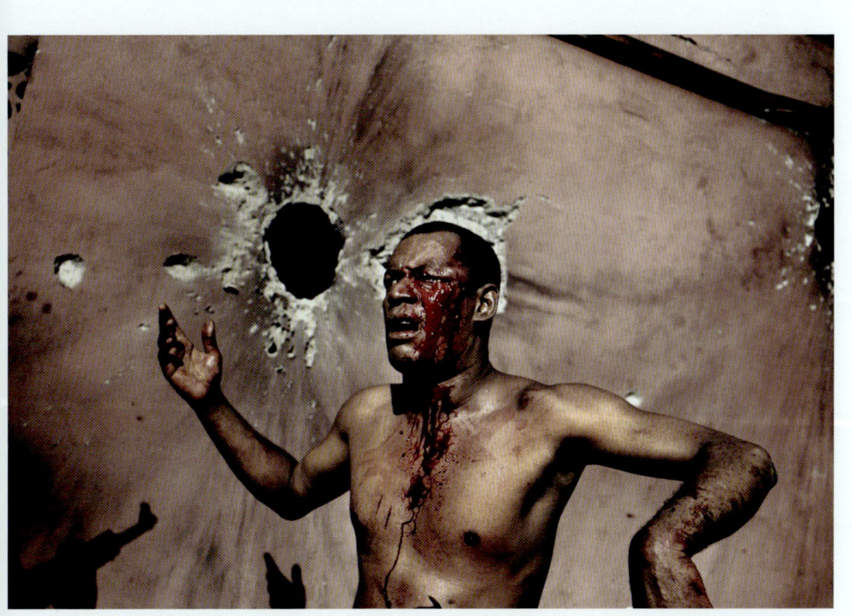

44. Anjouan, Islas Comoras, 2008

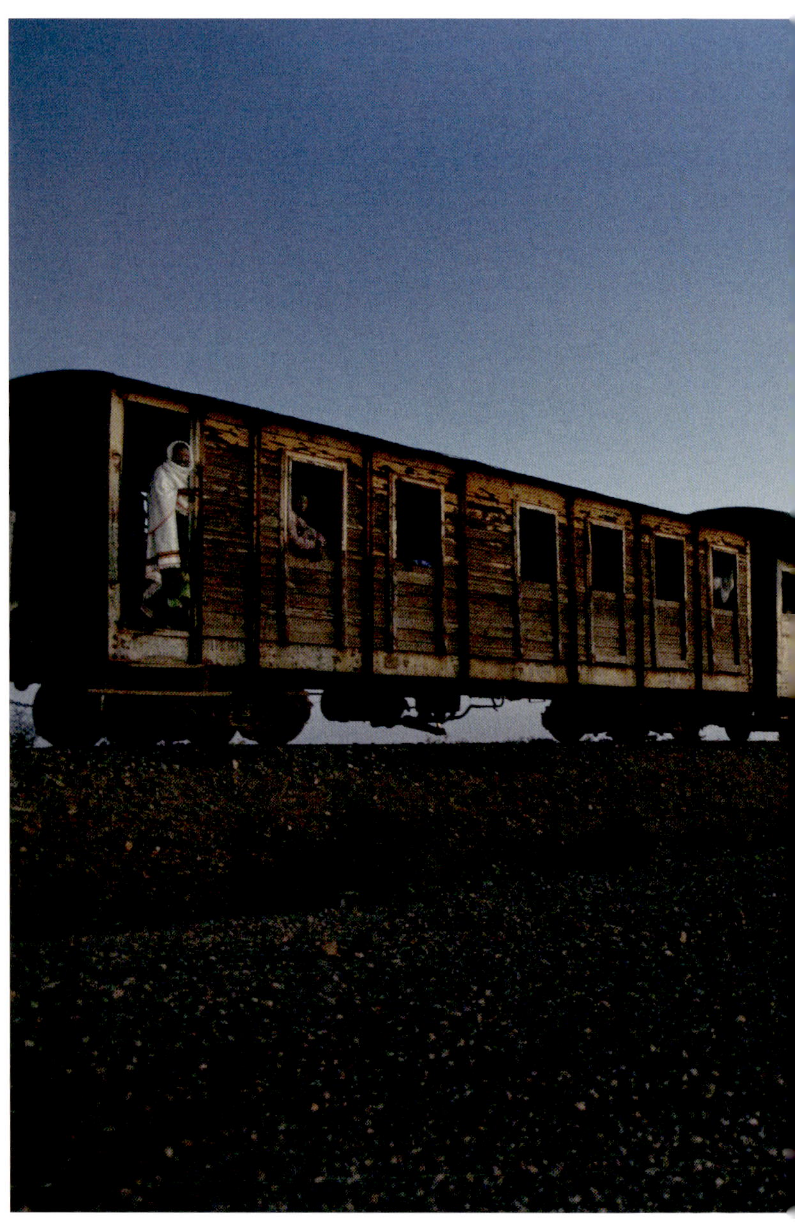

45. Tren Etiopía-Yibuti, 2007

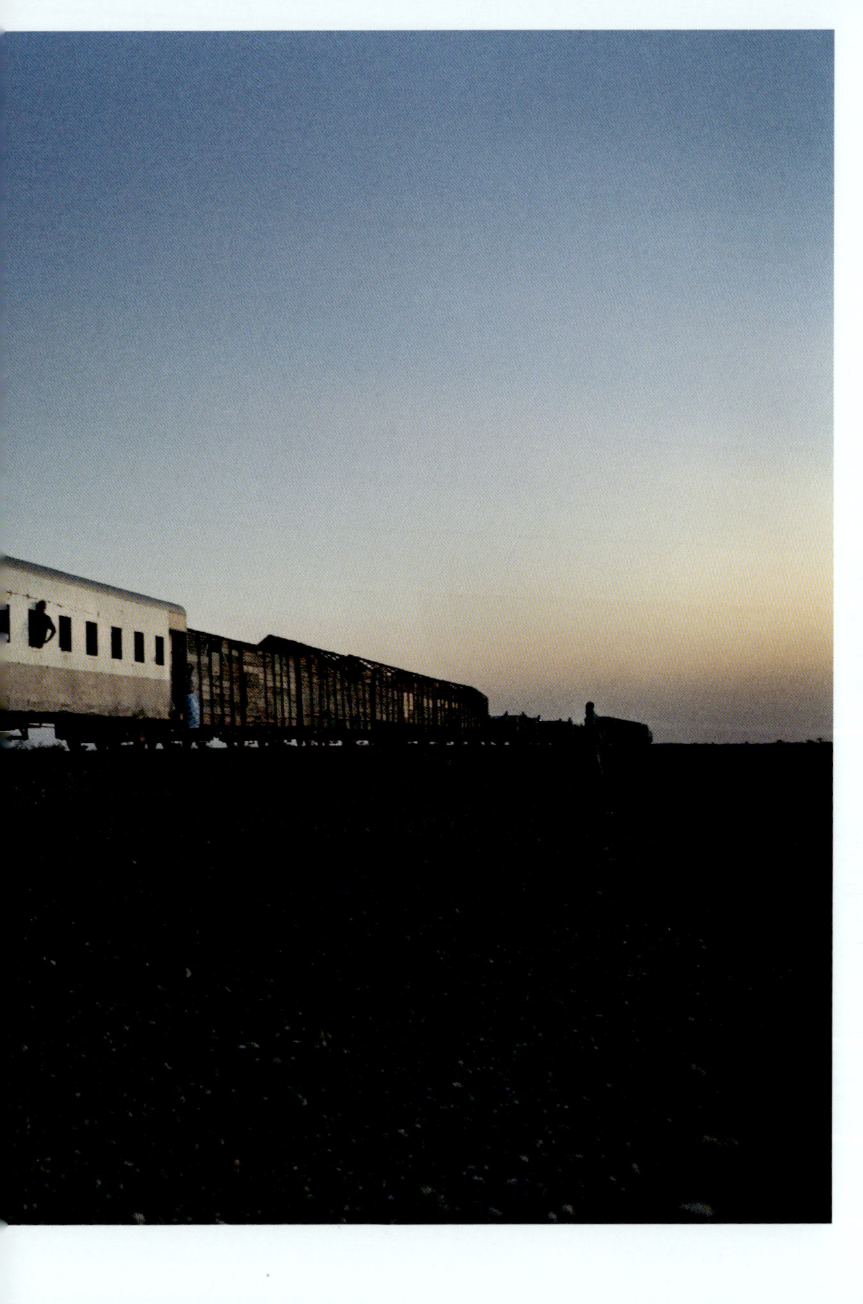

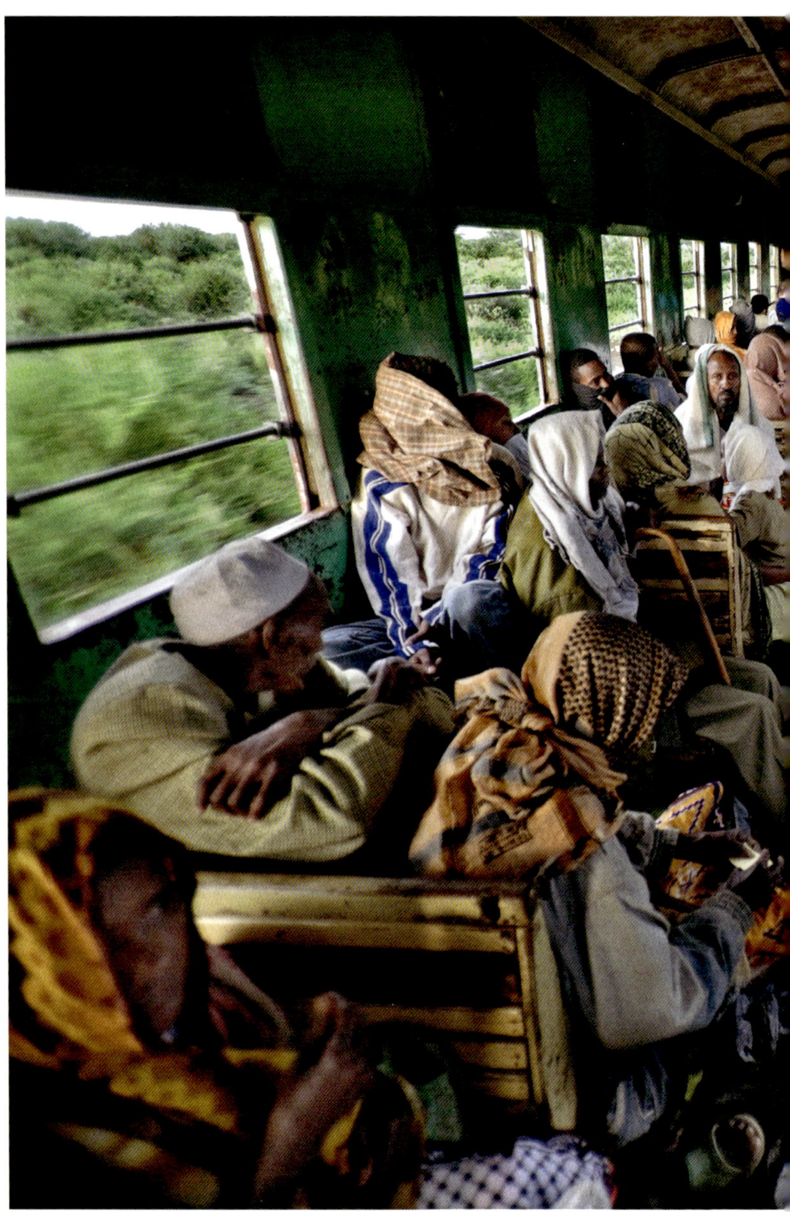

46. Tren Etiopía-Yibuti, 2007

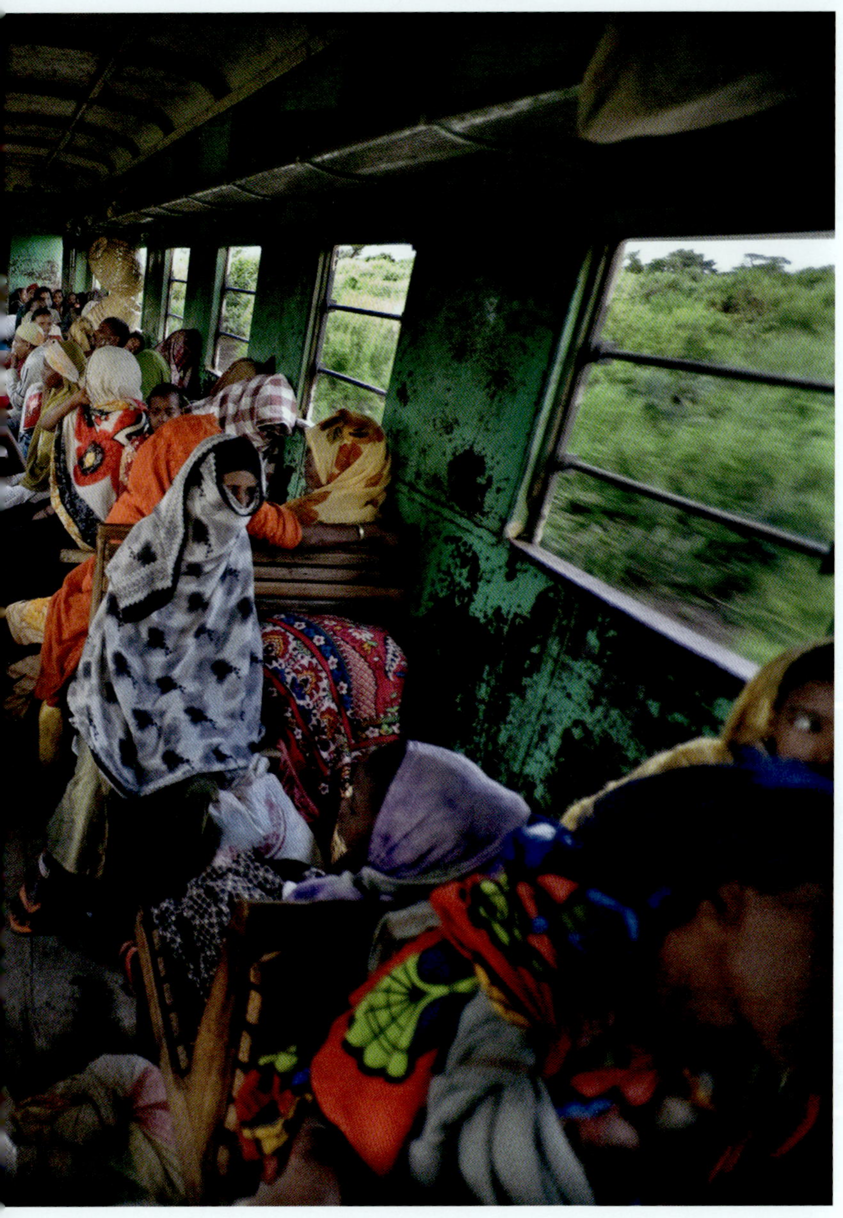

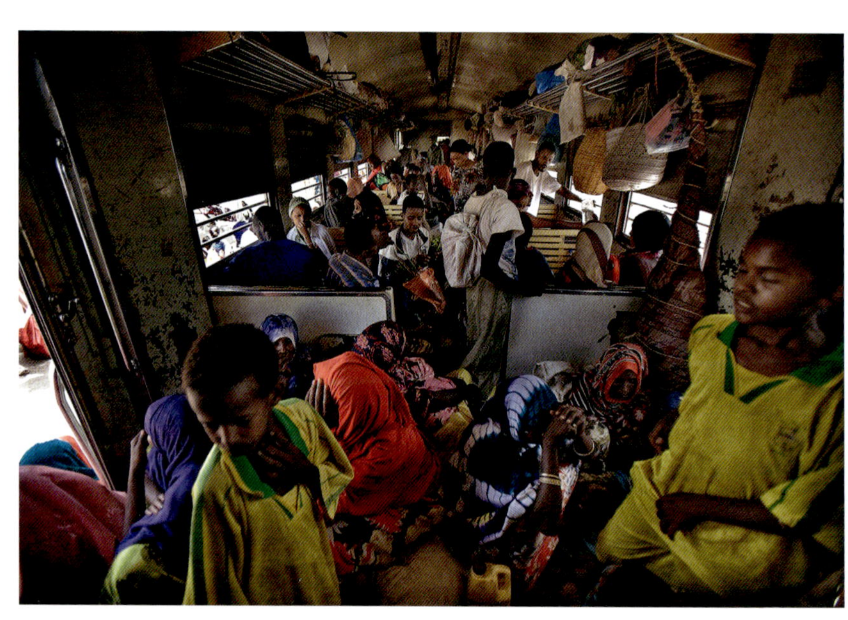

47. Tren Etiopía-Yibuti, 2007

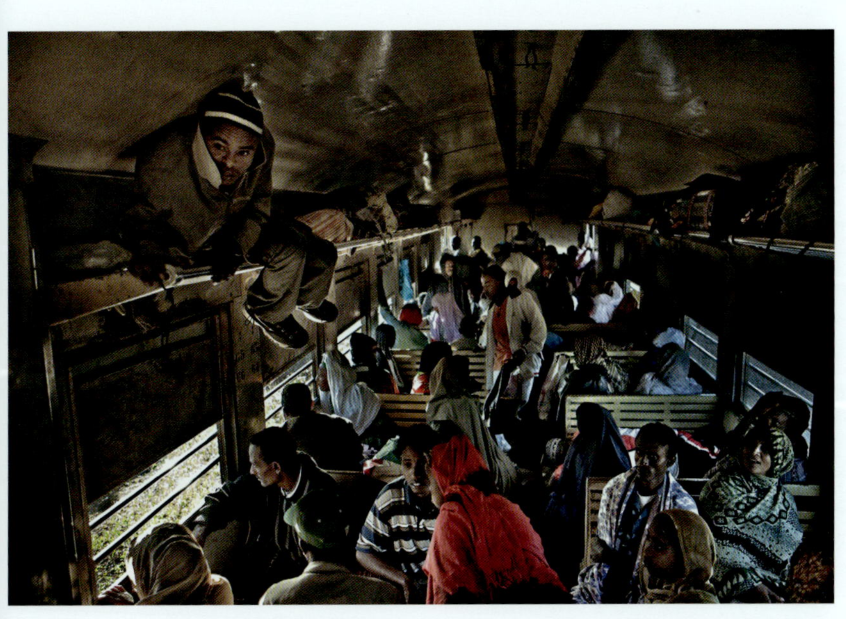

48. Tren Etiopía-Yibuti, 2007

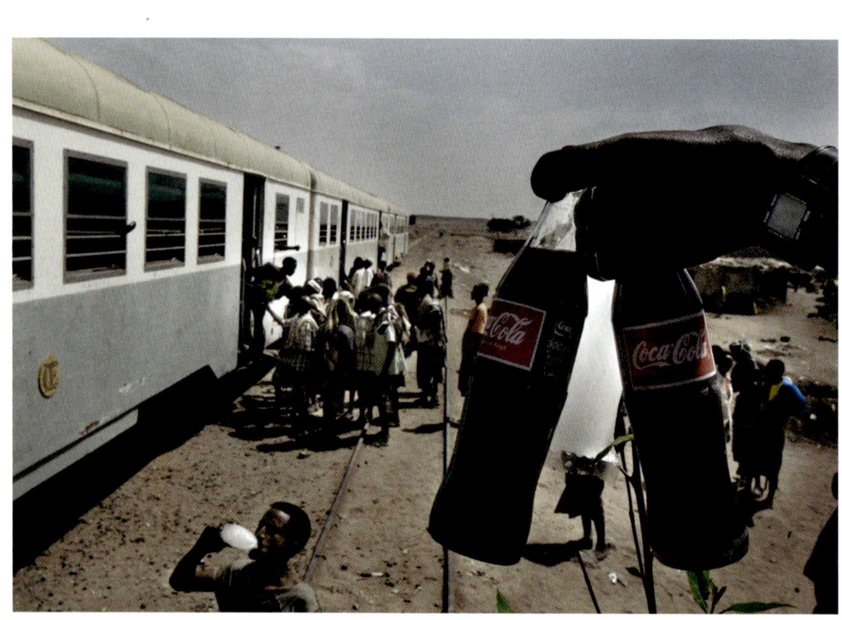

49. Tren Etiopía-Yibuti, 2007

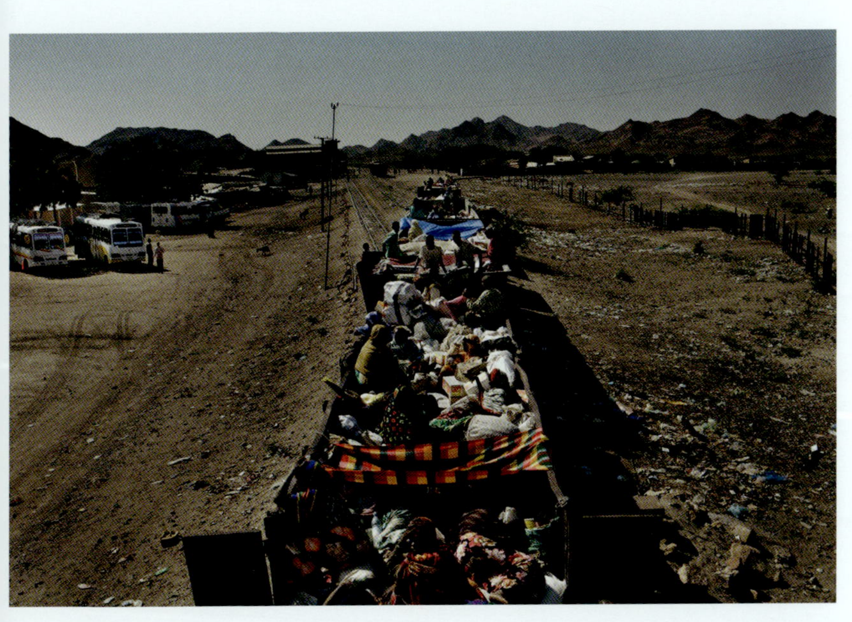

50. Tren Etiopía-Yibuti, 2007

51. Shashamane, Etiopía, 2008

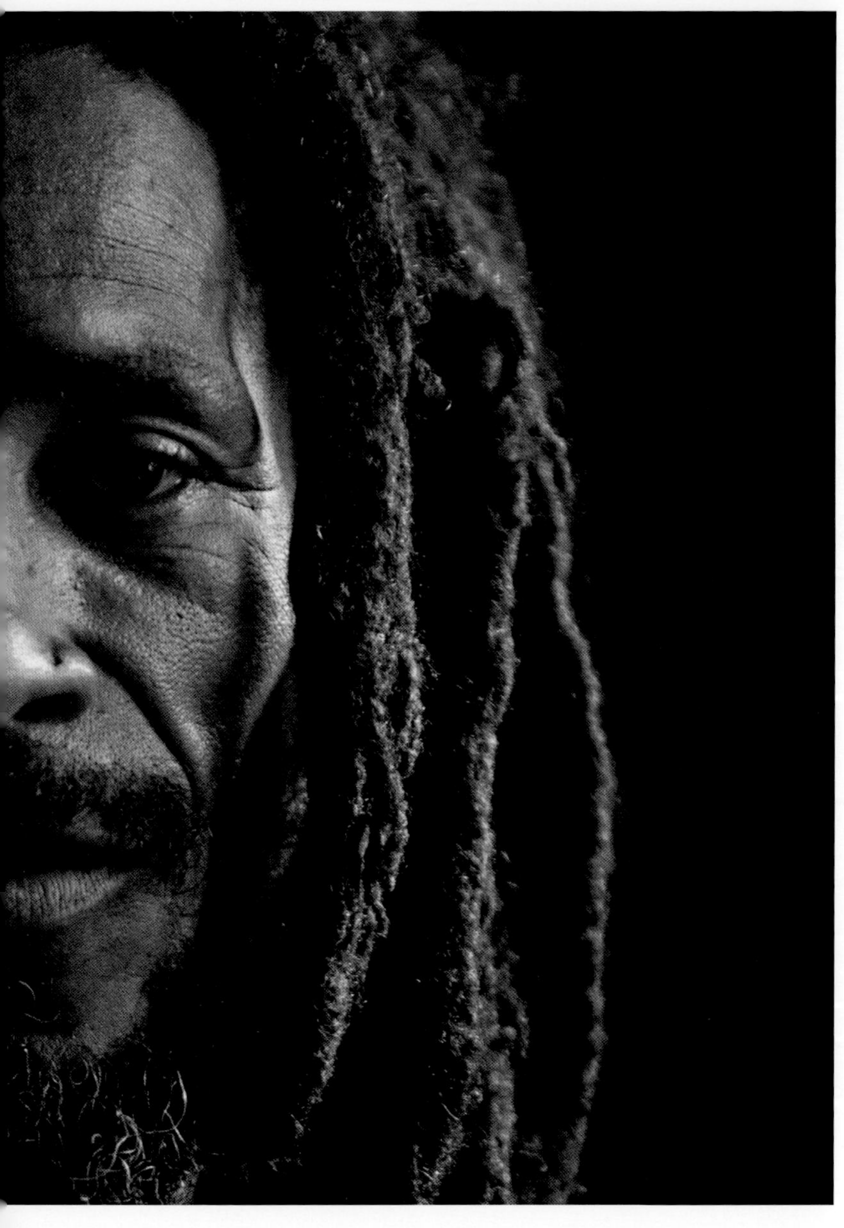

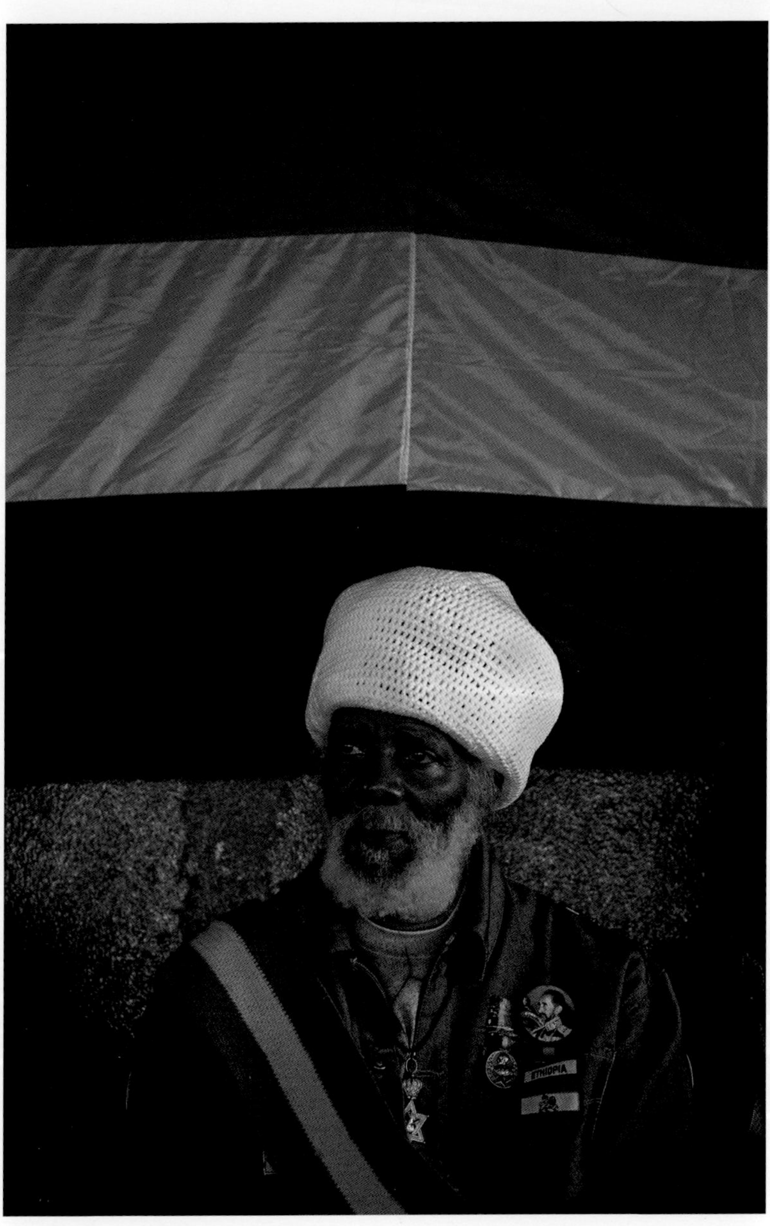

52. Shashamane, Etiopía, 2008

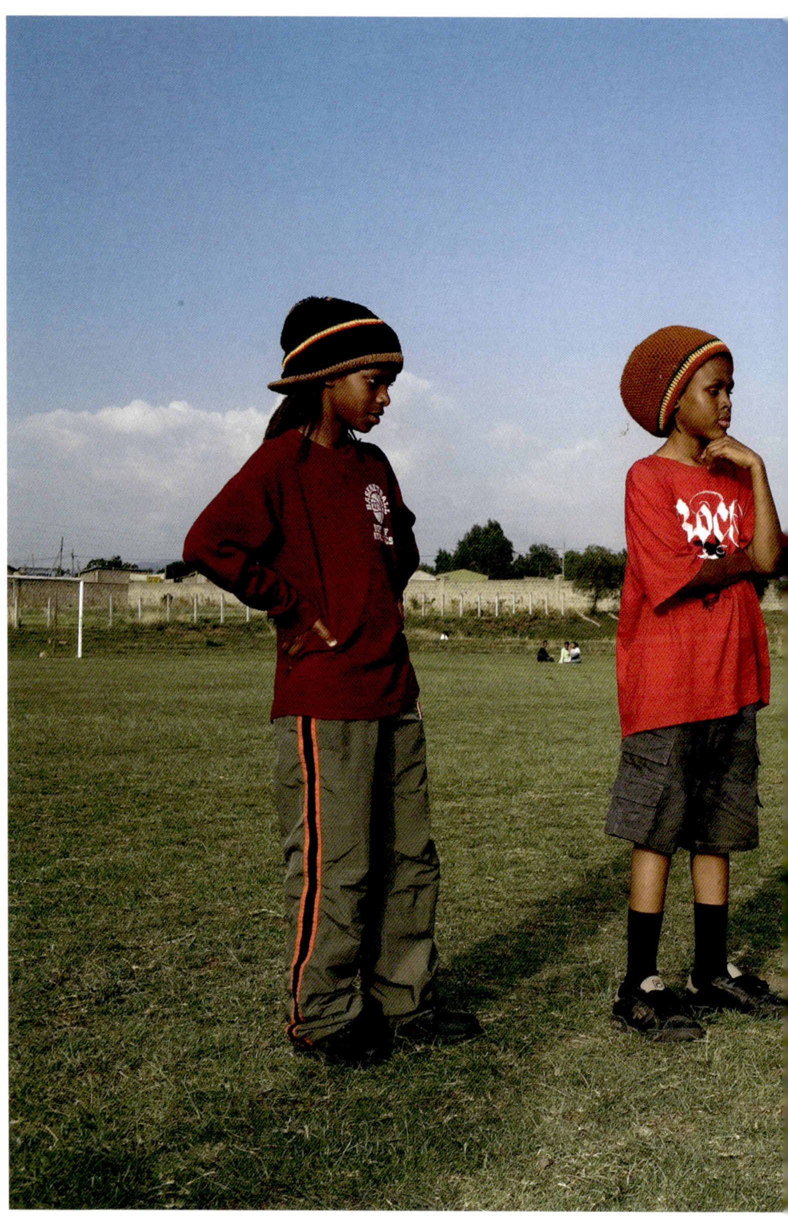

53. Shashamane, Etiopía, 2008

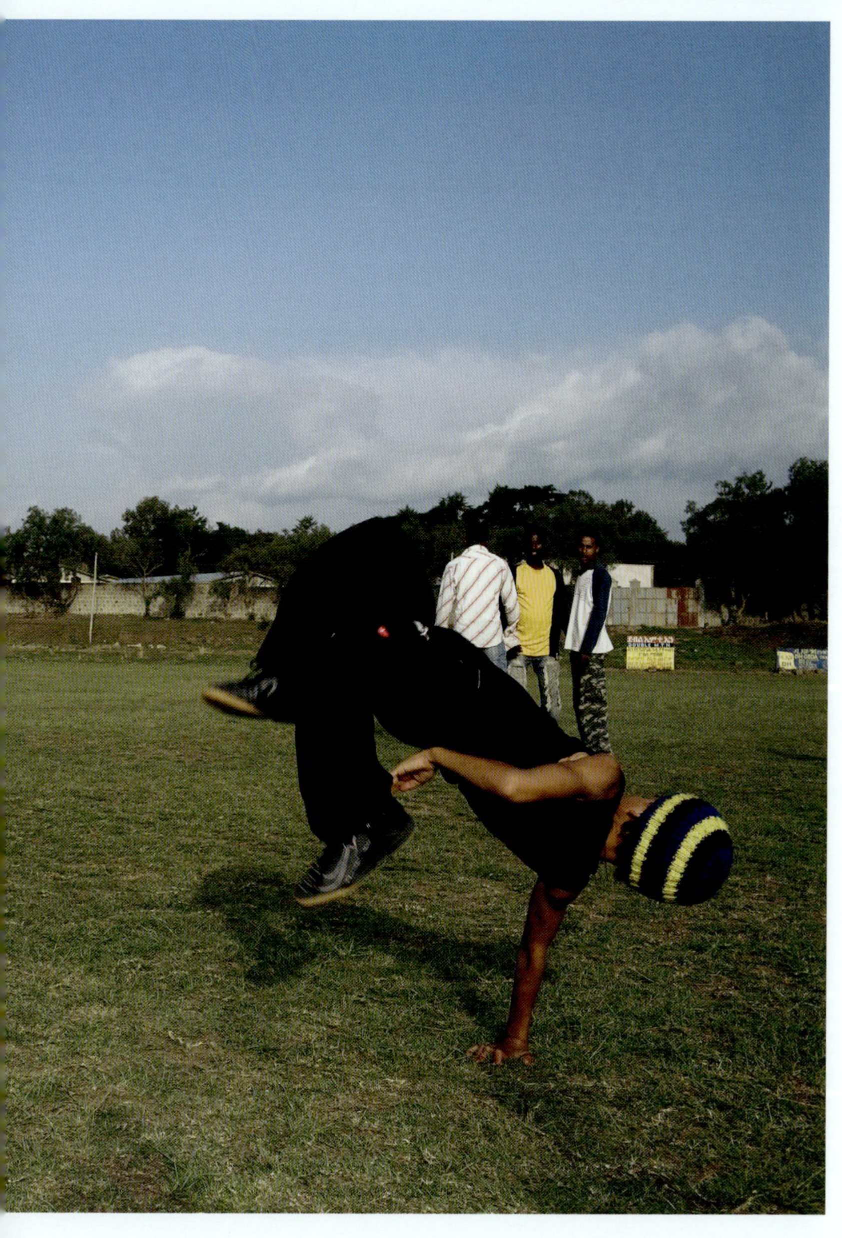

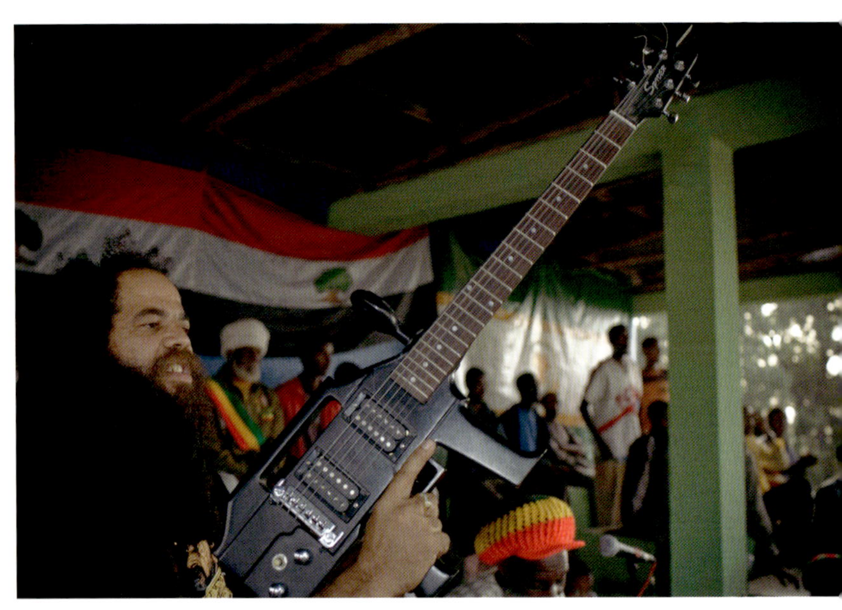

54. Shashamane, Etiopía, 2008

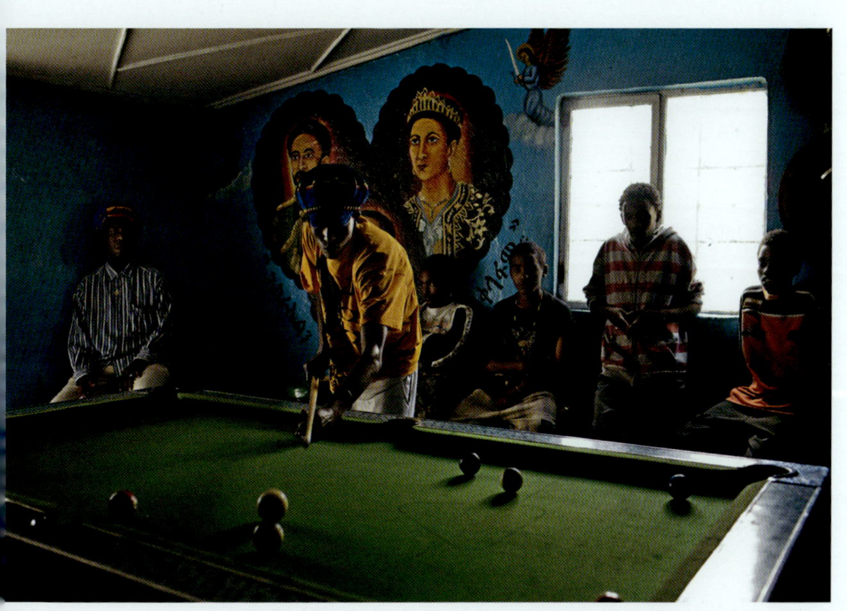

55. Shashamane, Etiopía, 2008

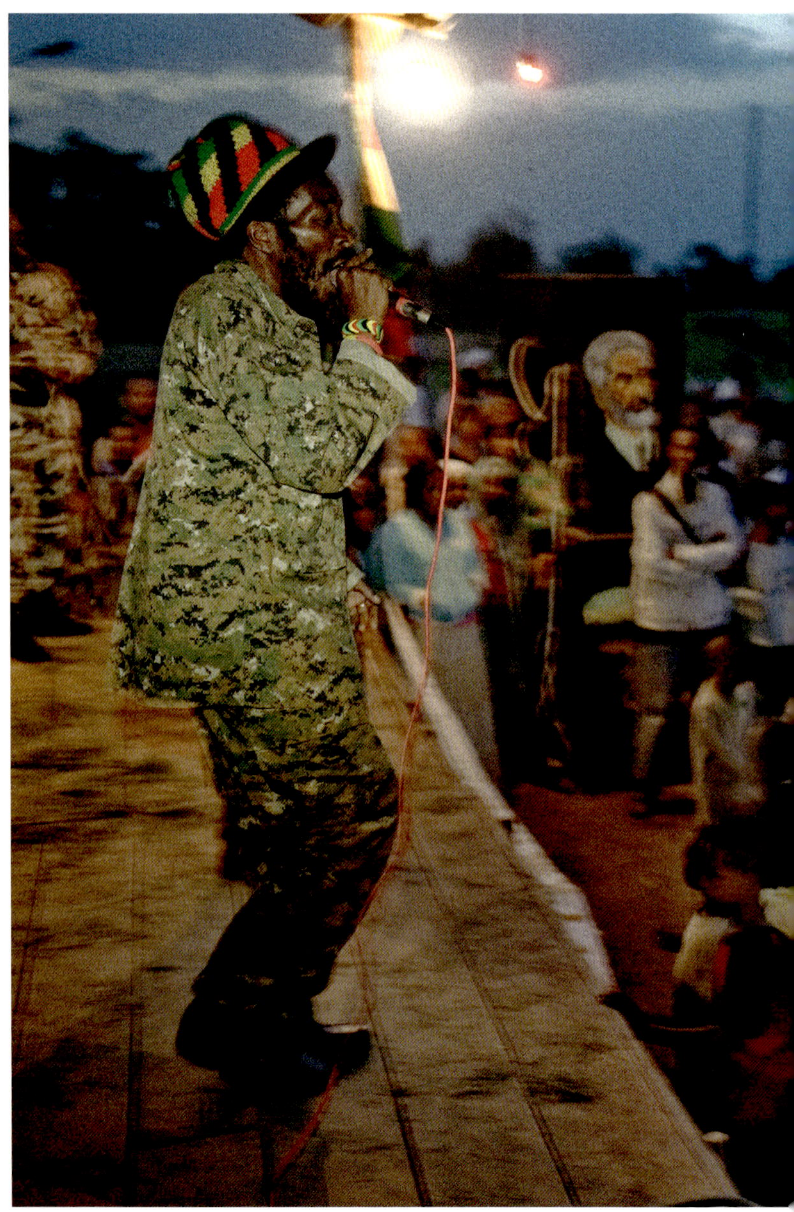

56. Shashamane, Etiopía, 2008

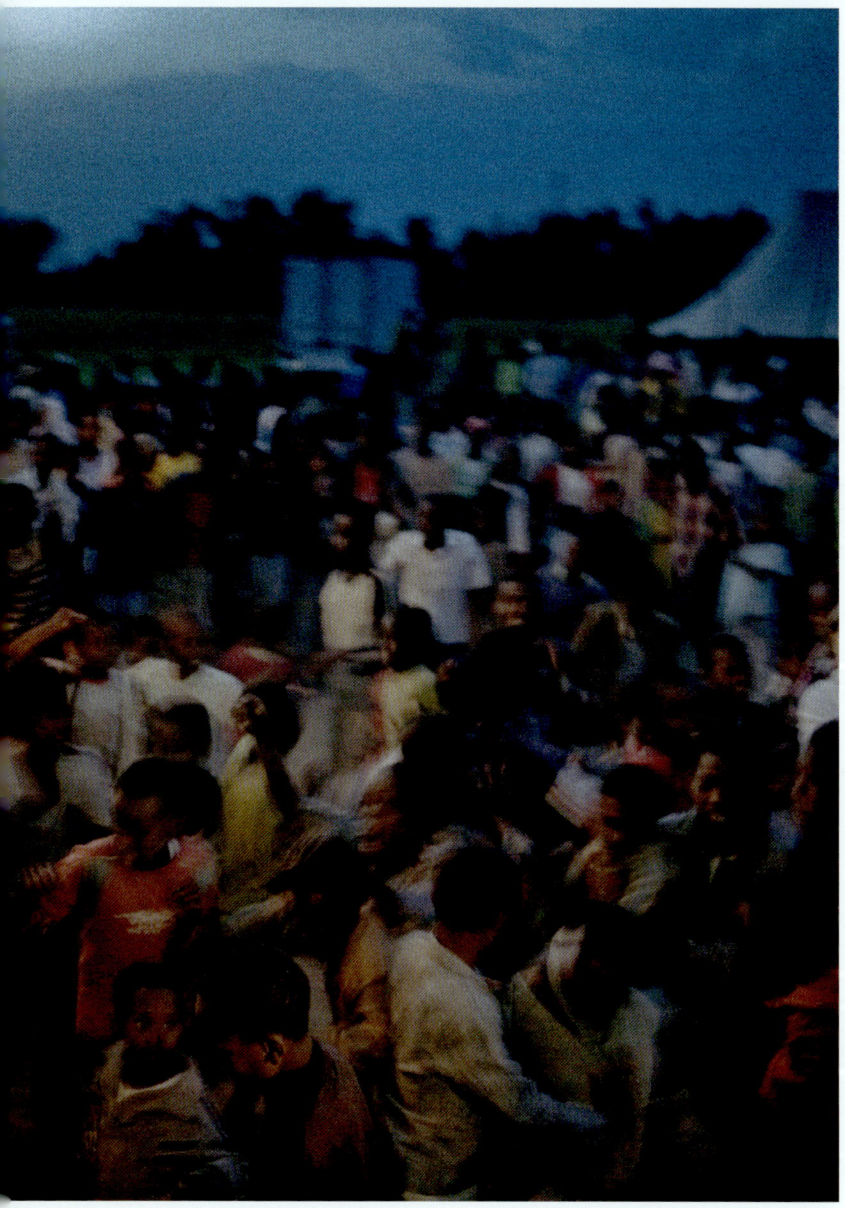

Cronología

1974 Nace en Caracas, hijo de padres emigrantes.
Se crió en Galicia.

2002 Comienza a trabajar como reportero independiente
y fotógrafo en Colombia, Venezuela y Palestina,
colaborando con la Agencia Cover.

2004 Viaja a Darfur, donde se dedica exclusivamente a la
fotografía.
Empieza su colaboración con la agencia
norteamericana Associated Press (AP) y la francesa
Agence France-Presse (AFP).

2005 Participa en la publicación *Annual Photo Book*, de AFP.
Vive en la capital de Ruanda, Kigali (África del Este)
desde donde cubre la Región de los Grandes Lagos.

2007 Obtiene el primer premio en el World Press Photo, otro
primer premio en Pictures of the Year y una mención
de honor en el Leica Oskar Barnack.
Su trabajo se incluye en el libro *A Journey to Africa*,
editado por AFP.
Traslada su residencia a Adís Abeba, desde donde
cubre el Cuerno de África para AFP y trabaja como
freelance para otras publicaciones internacionales.

2008 Lo secuestran junto al periodista Colin Freeman, en la
ciudad de Bosasso, capital económica de Somalia, el
26 de noviembre.

2009 En enero, los secuestradores lo liberan, sano y salvo,
junto a Freeman. A partir de esta experiencia publica
el libro de memorias *Billete de ida: los 40 días de
secuestro de un reportero español en tierra de piratas*,
en la editorial Temas de Hoy.
Recibe una mención de honor en el concurso
estadounidense Best of Photojournalism y otra
mención de honor en el China International Press
Photo Contest.
Imparte la conferencia «Piratería en Somalia», en
Bilbao, Vitoria, Vigo y Santiago de Compostela.

2010 Traslada su residencia a Ciudad del Cabo, Sudáfrica,
donde realiza varios ensayos fotográficos en
profundidad y edita un vídeo sobre pandillas, titulado
Bandas de pandilleros.
Su reportaje sobre Somalia, publicado en el *Magazine*
de *La Vanguardia*, es reconocido con el premio Ortega
y Gasset de Fotografía.
Imparte la conferencia «África olvidada», para la
Fundación La Caixa, en Madrid, Barcelona, Lleida y
Tarragona.
Recibe la beca RevelaOleiros.

2012 Traslada su residencia a Colombia.
Participa en las jornadas sobre fotoperiodismo
«Ráfagas», en La Coruña, donde imparte una
masterclass.

Exposiciones individuales

2007 *Fear in the Great Lakes*. Yours Gallery, Varsovia, y
Alliance Ethio-Française, Adís Abeba.
2009 *Miedo en los Grandes Lagos*. Instituto Valenciano de
Arte Moderno (IVAM), Valencia.
2010 *Africa through a Photographer's lens*. Museo de Arte
Moderno de Etiopía, Adís Abeba.
Pilares de África. Fundación Mutua Madrileña, Madrid.
2011 *Miedo en los Grandes Lagos*. Alicante, exposición
itinerante.

Exposiciones colectivas

2006 *34 miradas contra el olvido*, en colaboración con
Médicos del Mundo. Exposición itinerante por Europa.
2007 *Leica Exhibition*. Estambul.
World Press Photo. Exposición itinerante.
2009 Festival Proxecta de Fotografía. Vilagarcía de Arousa,
España.
2010 *A 1,20 metros: los derechos de la infancia vistos
desde su altura*. Exposición itinerante por España.

Isaac Rosa

Nacido en Sevilla en 1974 es autor, entre otras, de las novelas
El vano ayer (Premio Rómulo Gallegos), *El país del miedo* y
La mano invisible. Además colabora habitualmente en varios
medios escritos y radiofónicos.

Isaac Rosa (Seville, 1974) is a writer, the author, among other
works, of the novels *El vano ayer* [The Vain Yesterday], (Rómulo
Gallegos Prize), *El país del miedo* [The Country of Fear] and
La mano invisible [The Invisible Hand]. He is also a regular
contributor to several written and radio media outlets.

José Cendón
Photographs that Stand Out

Isaac Rosa

After a brief apprenticeship in Colombia, where he could not avoid the major issues (children in the guerrilla armies, paramilitaries), and Palestine, where he encountered nothing that had not been photographed before, José Cendón went off at a young age to Africa, a continent where he has spent most of his professional life and throughout which he has often moved from one region to another.

Becoming mature as a photo-journalist in a place like Africa is not easy. Although it appears to be an easy place to photograph, a place where reality comes out to meet you, waiting to be photographed, it is the opposite: finding good pictures turns your work into a permanent flight: fleeing from the obvious photogeniality of the drama. Fleeing from the already well-known stories (and which hide many other untold stories in their reiteration). Fleeing from the prejudiced and paternalistic gaze that is inherent to the condition of the white man that one never loses in Africa. Fleeing from indifference, the pain turned into routine and which ends up producing routine photographs, which are indifferent no matter how much they are dressed up as tragedy.

It is not by chance that Cendón has moved so often after he came to Africa: Sudan, the Great Lakes, the Horn of Africa, South Africa, points from which he has travelled through other countries, with risky incursions into Somalia (one of which ended up with him being held hostage for forty days), long journeys on a motorbike or on a packed train. His mobility was also not due to professional, commissioned and correspondent needs, because it is a long time since Cendón has chosen his stories. It is rather the territorial expression of this permanent flight, of this escaping from the obvious photo, from the reiterated story, from itself, from its getting used to reality, the accustomed gaze that ends up not being separated from the viewfinder in order to end up not seeing anything and not finding anything beyond that which was being sought.

Nevertheless, despite this disquiet, his photography has a duration, his works posses that dilating of that which lasts: each photograph goes on into a before and after which are implicit in it but which are not made evident, forcing us into a more complex reading. In many of his images, despite their flatness, the important aspect is that which we have not seen and that which we will not see, that which took place before this instant, what comes after. A timing of the importance outside of the shot: many of his compositions leave out a part of the fundamental reality in order to understand what has been read, and which is felt in the shape of shadows that cling to the framing, or to the photographer's gaze, aimed towards that out of shot, or at those who cross into the framing, and walk, stroll and go towards an otherness that will prolong their observation of things.

His pictures thus function as photograms of a tale that started and which will continue. Although some of his best photographs have sufficient autonomy, and a capacity to tell a tale on their own, they never lose that condition of being a link in the narrative chain he constructs. Cendón does not wait for the decisive moment, any epiphany, but just writes works with which he may make a narrative that makes sense.

A duration that is also his: a photographer who arrives, takes pictures and goes, yet this one, who stays, and remains. This has to do with the time he devotes to each of his works, the research he undertakes, particularly in his most personal works such as the mental hospitals (*Miedo en los Grandes Lagos*) [Fear in the Great Lakes] or the South Africa Gangs (*Bandas en Sudáfrica*) series. This has to do with his preference for documentary photography with a long take in relation to the most pressing, current photography. But also due to his own personal options, that of choosing his subjects due to his desire to make the invisible visible, to tell what was not told.

Cendón never hid that desire: his condition as an activist photographer, one who was committed and sensitive to the tough subjects that were forthcoming, carrying a view of the world that does not shy away under a neutrality in which the photographer is always impossible given that he only decides where to pint the lens. But his commitment is in his choice of subjects, not so much in terms of the tale he builds with each of them, in which the honest professional who, despite going about with a prepared idea for a story (a tale, most probably), is not restricted to looking for the pieces that will fit into this interpretation, but who knows how to maintain a distance that otherwise would end up turning the photographer himself into the protagonist of each photograph, in a discourse of himself.

In this search for stories to be told he alternated between the most extreme possibilities in Africa: the worst wells to which no one would go because they were so dangerous; and the oases of peace and normality and even happiness that no one tries to approach because this goes totally against the fixed image of

Africa. Among the first of these, Somalia left to its own desires, or the ferocious suburbs of South Africa. Among the latter we have the comfortable and westernised life of the moneyed Ethiopians, or the surprising Rastafari paradise in Ethiopia. Two extremes, that of the hell that puts you into a certain danger as you approach it, and that of this other Africa that does not fit in to the tragic cliché, two extremes that do not meet in the international press (which is more likely to produce this cliché), that are not usually held to order, and thus are of interest to Cendón: over the last decade he has gone to walk through stories.

Photojournalism as a genre is naturally narrative; but in the case of Cendón its narrative condition is total, and all of his work is subjected to that desire. Firstly the chosen tool, which is generally the camera, but which has sometimes been the spoken word (in his book on the Somalia hostage taking, *Billete de ida*, in which the least thing that was spoken of was the events, which was itself turned into a narrative link or chain) or the documentary video *Bandas de Sudáfrica*.

This is also his technique, subordinated to the narrative time and to the density of each subject; chromatic liveliness in the mental hospital in order to set out a contrast with the obscure, phantasmal figures, face on views and close ups in the portraying of South African gang members. Or the very different texture of the outdoor pictures of the destroyed Somalia and those of the upper class of Ethiopia (*El sueño de Etiopía*).

And thus his aesthetic decisions, which do not seek beauty *per se* but rather narrative efficiency. This functional sense of the aesthetic does not weaken, but rather grants greater sense to his choices. He does not avoid beauty, not even for ethical reasons: instead he proposes a beauty that is often convulsive, violent, that shakes up the spectator and reinforces the tale in relation to what (and this is a great deal) it contains as moral discourse, of the photographer's involvement and that of the spectator. A beauty that is usually the fruit of that intuition that characterises the best photographers, but which is other times the result of a compositional calculation.

Given what has been said above, Cendón's work has a tension that is not so much the tension of the photographed subject, but rather the tension of the photographer himself, as if each shot beat a resistance, just like what makes him keep away from the over-obvious image, the story that is told with suspicious ease, of the place that will not accept being photographed. In his flight, Cendón has ended up leaving Africa for Latin America; where he is now looking for connections for new tales to be told.

PHoto**Bolsillo**

Director de la colección / Series Editor
Chema Conesa

Coordinación / Coordination
Doménico Chiappe

Diseño original / Original Design
Fernando Gutiérrez

Asistencia editorial / Editorial Assistance
Amparo Balsas

Traducción / Translation
David Alan Prescott

Fotomecánica / Photomecanics
Cromotex

Impresión / Printer
Brizzolis

© de las imágenes / Image
José Cendón

© del texto / Text
Isaac Rosa

© de la presente edición / Present Edition
La Fábrica, 2013

ISBN
978-84-15691-39-6

Depósito legal
M-11726-2013

LA FABRICA

Editor / Publisher
Alberto Anaut

Directora Editorial / Editorial Director
Camino Brasa

Director de Desarrollo / Development Director
Fernando Paz

Directora de Producción / Production Director
Paloma Castellanos

La Fábrica Editorial
Verónica, 13
28014 Madrid
Tel.: 34 91 360 1320
Fax: 34 91 360 1322
e-mail: edicion@lafabrica.com
www.lafabricaeditorial.com

Una coedición entre / A Coedition Between

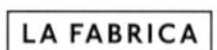
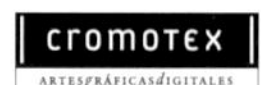
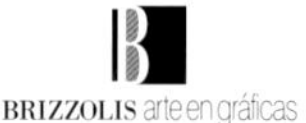

Biblioteca de Fotógrafos Españoles

Xavier Miserachs
Nicolás Muller
Humberto Rivas
Ricky Dávila
Koldo Chamorro
Francesc Català-Roca
Carlos Pérez Siquier
Luis Pérez-Mínguez
Gabriel Cualladó
Javier Vallhonrat
Miguel Trillo
Pilar Pequeño
César Lucas
Fernando Gordillo
Agustí Centelles
Baylón
Isabel Muñoz
José María Díaz-Maroto
Cristóbal Hara
Antonio Tabernero
Alberto García-Alix
Pablo Genovés
Clemente Bernad
Carlos Serrano
Ramón Masats
Óscar Molina
Cristina García Rodero
Pablo Pérez-Mínguez
Joan Fontcuberta
Navia
Ricard Terré
Fernando Herráez
Oriol Maspons
José Ignacio Lobo Altuna
Xurxo Lobato
Genín Andrada
Valentín Vallhonrat
Vari Caramés

Juan Manuel Díaz Burgos
Ferran Freixa
José Antonio Carrera
Manuel Vilariño
Kim Manresa
Rafael Navarro
Toni Catany
Luis Escobar
Marta Sentís
Chema Madoz
Ciuco Gutiérrez
Alberto Schommer
Ouka Leele
Manel Esclusa
Laura Torrado
Ángel Marcos
Ortiz Echagüe
Francisco Ontañón
Carlos Saura
Alfonso
Juan Manuel Castro Prieto
Pep Bonet
Juantxu Rodríguez
Paco Gómez
Virxilio Vieitez
Gonzalo Juanes
Rosa Muñoz
Leopoldo Pomés
José Ramón Bas
David Jiménez
Leonardo Cantero
Jordi Socías
Colita
Alfredo Cáliz
Gervasio Sánchez
Txema Salvans
Matías Costa
Emilio Morenatti
Pierre Gonnord
Ricardo Cases
Sofía Moro

Joan Tomás
José Cendón

Biblioteca de Fotógrafos Latinoamericanos

Luis González Palma
Casasola
Marcos López
Cia de Foto
Raúl Cañibano

Biblioteca de Fotógrafos Africanos

Jean Depara
Samuel Fosso
Mama Casset
Zwelethu Mthethwa

Próximo título / To Be Published

Luis de las Alas

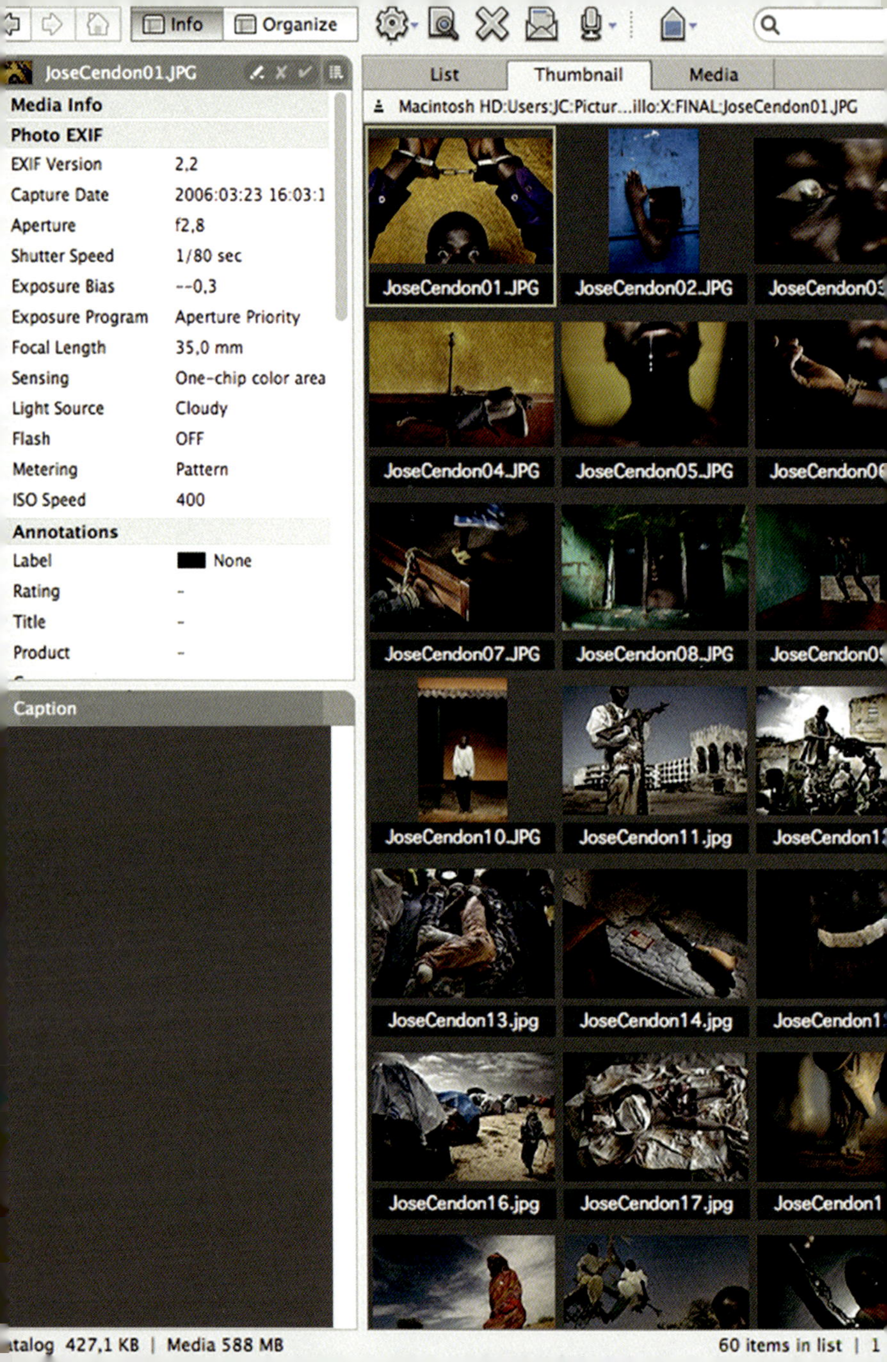